现代服务领域技能型人才培养模式创新规划教材

市场调研实务

主　编　李　琴　王　云

副主编　孙吉春　张翠英

中国水利水电出版社
www.waterpub.com.cn

内 容 提 要

本书适应高职高专教学改革需要，以体现高职高专教材特色为目标，对教学内容作了精心的选择和编排，以培养高职学生实施小规模市场调研活动的能力为出发点，以"市场调研活动过程"为主线，共编排了解读市场调研、选择市场调研方法、设计市场调研方案、抽样技术、问卷设计技术、调研资料整理分析技术、市场调研报告的撰写等 7 章内容，每章内容由"教学目的与要求"、"导读案例"、"学习目标与要求"、"讲授与训练内容"、"思考与讨论"、"案例分析"和"实践与训练"等 7 个部分组成。本书精选了典型案例加以分析，强化了原理方法对实际操作的指导和读者对于理论的比较验证和转化能力；思考题、实践练习与学习内容做到匹配一致，难易有序，更着眼于就现有的营销调研实务问题进行理论的思考，旨在强化读者的理论学习效果，为读者提供了一个可将所学理论应用至实务问题的良好界面；贯穿本书的主线单一且清晰，从而使得读者能够依靠独立的学习和思考来掌握全书的内容。

本书由理论与实务应用经纬建构而成，呈现出丰富且多面向的市场营销调研领域，对于意欲涉足该领域的学生或是在营销领域中工作的营销人员而言，实为案头不可或缺的好书。

本书配有免费电子教案，读者可以从中国水利水电出版社网站以及万水书苑下载，网址为：http://www.waterpub.com.cn/softdown/或 http://www.wsbookshow.com。

图书在版编目（CIP）数据

市场调研实务 / 李琴，王云主编. -- 北京：中国水利水电出版社，2011.8
现代服务领域技能型人才培养模式创新规划教材
ISBN 978-7-5084-8805-9

Ⅰ.①市… Ⅱ.①李… ②王… Ⅲ.①市场调研－高等职业教育－教材 Ⅳ.①F713.52

中国版本图书馆CIP数据核字(2011)第137606号

策划编辑：杨 谷　责任编辑：宋俊娥　加工编辑：刘晶平　封面设计：李 佳

书　名	现代服务领域技能型人才培养模式创新规划教材 **市场调研实务**
作　者	主　编　李琴　王云 副主编　孙吉春　张翠英
出版发行	中国水利水电出版社 （北京市海淀区玉渊潭南路1号D座　100038） 网址：www.waterpub.com.cn E-mail: mchannel@263.net（万水） 　　　　sales@waterpub.com.cn 电话：(010) 68367658（营销中心）、82562819（万水）
经　售	全国各地新华书店和相关出版物销售网点
排　版	北京万水电子信息有限公司
印　刷	三河市鑫金马印装有限公司
规　格	184mm×260mm　16开本　9.75印张　225千字
版　次	2011年8月第1版　2011年8月第1次印刷
印　数	0001—4000 册
定　价	20.00元

凡购买我社图书，如有缺页、倒页、脱页的，本社营销中心负责调换
版权所有·侵权必究

现代服务业技能人才培养培训模式研究与实践
课题组名单

顾　问：王文槿　　李燕泥　　王成荣

　　　　汤鑫华　　周金辉　　许　远

组　长：李维利　　邓恩远

副组长：郑锐洪　　闫　彦　　邓　凯

　　　　李作聚　　王文学　　王淑文

　　　　杜文洁　　陈彦许

秘书长：杨庆川

秘　书：杨　谷　　周益丹　　胡海家

　　　　陈　洁　　张志年

课题参与院校

北京财贸职业学院
北京城市学院
国家林业局管理干部学院
北京农业职业学院
北京青年政治学院
北京思德职业技能培训学校
北京现代职业技术学院
北京信息职业技术学院
福建对外经济贸易职业技术学院
泉州华光摄影艺术职业学院
广东纺织职业技术学院
广东工贸职业技术学院
广州铁路职业技术学院
桂林航天工业高等专科学校
柳州铁道职业技术学院
贵州轻工职业技术学院
贵州商业高等专科学校
河北公安警察职业学院
河北金融学院
河北软件职业技术学院
河北政法职业学院
中国地质大学长城学院
河南机电高等专科学校
开封大学
大庆职业学院
黑龙江信息技术职业学院
伊春职业学院
湖北城市建设职业技术学院
武汉电力职业技术学院
武汉软件工程职业学院
武汉商贸职业学院
武汉商业服务学院
武汉铁路职业技术学院
武汉职业技术学院
湖北职业技术学院
荆州职业技术学院
上海建桥学院

常州纺织服装职业技术学院
常州广播电视大学
常州机电职业技术学院
常州建东职业技术学院
常州轻工职业技术学院
常州信息职业技术学院
江海职业技术学院
金坛广播电视大学
南京化工职业技术学院
苏州工业园区职业技术学院
武进广播电视大学
辽宁城市建设职业技术学院
大连职业技术学院
大连工业大学职业技术学院
辽宁农业职业学院
沈阳师范大学工程技术学院
沈阳师范大学职业技术学院
沈阳航空航天大学
营口职业技术学院
青岛恒星职业技术学院
青岛职业技术学院
潍坊工商职业学院
山西省财政税务专科学校
陕西财经职业技术学院
陕西工业职业技术学院
天津滨海职业学院
天津城市职业学院
天津天狮学院
天津职业大学
浙江机电职业技术学院
鲁迅美术学院
宁波职业技术学院
浙江水利水电专科学校
太原大学
太原城市职业技术学院
兰州资源环境职业技术学院

实践先进课程理念　构建全新教材体系
——《现代服务领域技能型人才培养模式创新规划教材》

出版说明

"现代服务领域技能型人才培养模式创新规划教材"丛书是由中国高等职业技术教育研究会立项的《现代服务业技能人才培养培训模式研究与实践》课题[1]的研究成果。

进入新世纪以来，我国的职业教育、职业培训与社会经济的发展联系越来越紧密，职业教育与培训的课程的改革越来越为广大师生所关注。职业教育与职业培训的课程具有定向性、应用性、实践性、整体性、灵活性的突出特点。任何的职业教育培训课程开发实践都不外乎注重调动学生的学习动机，以职业活动为导向、以职业能力为本位。目前，职业教育领域的课程改革领域，呈现出指导思想多元化、课程结构模块化、职业技术前瞻化、国家干预加强化的特点。

现代服务类专业在高等职业院校普遍开设，招生数量和在校生人数占到高职学生总数的40%左右，以现代服务业的技能人才培养培训模式为题进行研究，对于探索打破学科系统化课程，参照国家职业技能标准的要求，建立职业能力系统化专业课程体系，推进高职院校课程改革、推进双证书制度建设有特殊的现实意义。因此，《现代服务业技能人才培养培训模式研究与实践》课题是一个具有宏观意义、沟通微观课程的中观研究，具有特殊的桥梁作用。该课题与人力资源和社会保障部的《技能人才职业导向式培训模式标准研究》课题[2]的《现代服务业技能人才培训模式研究》子课题并题研究。经过酝酿，于2008年底进行了课题研究队伍和开题准备，2009年正式开题，研究历时16个月，于2010年12月形成了部分成果，具备结题条件。课题组通过高等职业技术教育研究会组织并依托60余所高等职业院校，按照现代服务业类型分组，选取市场营销、工商企业管理、电子商务、物流管理、文秘、艺术设计专业作为案例，进行技能人才培养培训模式研究，开展教学资源开发建设的试点工作。

《现代服务业技能人才培养培训方案及研究论文汇编》（以下简称《方案汇编》）、《现代服务领域技能型人才培养模式创新规划教材》（以下简称《规划教材》）既作为《现代服务业技能人才培养培训模式研究与实践》课题的研究成果和附件，也是人力资源和社会保障部部级课题《技能人才职业导向式培训模式标准研究》的研究成果和附件。

《方案汇编》收录了包括市场营销、工商企业管理、电子商务、物流管理、文秘（商务秘书方向、涉外秘书方向）、艺术设计（平面设计方向、三维动画方向）共6个专业8个方向的人才培养方案。

《规划教材》是依据《方案汇编》中的人才培养方案，紧密结合高等职业教育领域中现代服务业技能人才的现状和课程设置进行编写的，教材突出体现了"就业导向、校企合作、双证衔接、项目驱动"的特点，重视学生核心职业技能的培养，已经经过中国高等职业技术

---

[1] 课题来源：中国高等职业技术教育研究会，编号：GZYLX2009-201021
[2] 课题来源：人力资源和社会保障部职业技能鉴定中心，编号：LA2009-10

教育研究会有关专家审定，列入人力资源和社会保障部职业技能鉴定中心的《全国职业培训与技能鉴定用书目录》。

　　本课题在研究过程中得到了中国水利水电出版社的大力支持。本丛书的编审委员会由从事职业教育教学研究、职业培训研究、职业资格研究、职业教育教材出版等各方面专家和一线教师组成。上述领域的专家、学者均具有较强的理论造诣和实践经验，我们希望通过大家共同的努力来实践先进职教课程理念，构建全新职业教育教材体系，为我国的高等职业教育事业以及高技能人才培养工作尽自己一份力量。

丛书编审委员会

现代服务领域技能型人才培养模式创新规划教材
市场营销专业编委会

主　任：郑锐洪

副主任：（排名不分先后）

　　　平建恒　刘金章　杨家栋　闫文谦　孙京娟　李建峰
　　　张翠英　施凤芹　白福贤　刘艳玲　李占军　饶　欣
　　　陈　娟　王　涛　刘　凤　张于林　李子剑　马峥涛
　　　王玉波　孙　炎

委　员：（排名不分先后）

　　　易正伟　彭　娟　李正敏　严　琳　王麟康　孙肖丽
　　　张桂芝　赵立华　毛锦华　王霄宁　周志年　林祖华
　　　杨贵娟　蒋　平　蒋良俊　李春侠　王　方　赵　轶
　　　包发根　金欢阳　郑荷芬　吴文英　陈竹韵　董　媛
　　　邓迪夫　王社民　雷锋刚　张馨予　张　洁　赵志江
　　　王心良　方志坚　赖月云　谭清端　王海刚　张　涛
　　　王建社　王福清　陈　宇　张晨光　周彦民　赵润慧
　　　王霖琳　王汉忠　王连仁　刘　伟　王慧敏　马会杰
　　　刘艳丽　刘　媛　王　云　孙吉春　刘　凤　田学忠
　　　胡　皓　郝亚坤　余　荣　顾　伟　卞进圣　晏　霞
　　　周万发　谢　刚　薛　莉　陆　玲　李柏杏

前　言

市场调研是企业营销活动的一项基础性工作，是企业了解市场和把握顾客需求的重要手段，是辅助企业决策的基本工具。对于市场营销专业的学生来说，熟悉和掌握市场调研的方法和技能是非常必要的。市场调研技术作为市场营销专业学生必须掌握的一项核心专业技能，融知识、技能和觉悟于一体；集基本原理和方法技巧于一身。

本书适应高职高专教学改革需要，以体现高职高专教材特色为目标，对教学内容作了精心的选择和编排，知识以够用为度，以培养高职学生实施小规模市场调研活动的能力为出发点，以"市场调研活动过程"为主线，将自主探究、师生互动贯穿其中。通过本书的学习，使学生了解市场调研的基本内容，学会市场调研的基本方法，具备使用抽样技术、问卷设计技术、资料整理分析技术等基本技能，提高针对企业实际问题收集信息、处理信息的能力。既可帮助学习者奠定继续深化学习的基础知识，同时又可使学习者具有学后即用的实际操作能力，突出了高职教学内容的实用性、先进性、典型性和综合性。

本书主要有以下几个特点：

1. 以学生为本，强化学生的实际操作技能。本书以市场调研活动过程为主线展开，理论知识与实际技能相结合，通过对市场调研活动的策划和实施的系统介绍，强化了市场调研活动各个阶段工作的编制细节和实践过程，使读者能够掌握正确的市场调研方法和技术。

2. 源于基础，难易有序。本教材编排了7章，每章由"教学目的与要求"、"导读案例"、"学习目标与要求"、"讲授与训练内容"、"思考与讨论"、"案例分析"和"实践与训练"等7个部分组成，精选了典型案例加以分析，强化了原理方法对实际操作的指导，思考题、实践练习与教学内容做到匹配一致，难易有序，促进学生深刻理解和牢固掌握。

3. 着眼于培养学生灵活运用知识的能力。本书以市场调研专项技能训练为核心，以浅近的详解、形式多样的练习，培养学生针对实际问题收集信息、处理信息的能力。教材中编制了大量案例，力求深入浅出，加强其实用性，以应用为重点。此外，还安排了大量的实践操作任务，让学生自己去思考、去探索，实现了学习方式的多样化。

承担本书编写任务的主要有青岛职业技术学院的李琴老师、王云老师、孙吉春老师，浙江水利水电专科学校的张翠英老师。青岛啤酒股份有限公司的沈杰先生，青岛未来盛世企业管理咨询有限公司的杨琨女士和王美女士在编写过程中提供了大量的帮助，并参与了部分章节的编写。编写工作的具体分工如下：李琴、杨琨（第3章）、李琴、王美（第5章）、李琴（第4章）、王云（第1章）、王云、沈杰（第2章）、孙吉春（第6章）、张翠英（第7章）。

由于编者自身的学识水平和实践经验有限，书中难免有疏漏与不妥之处，诚恳地希望有关专家、使用本书的学生、读者不吝赐教，我们将不胜感激并努力改正。

编　者
2011年5月

目 录

前言

第一章 解读市场调研 ··················· 1
  第一节 市场与市场调研基础知识 ······ 2
    一、市场基本知识 ····················· 3
    二、市场调研基本知识 ················ 8
  第二节 市场调研内容 ···················· 10
    一、市场宏观环境调研 ··············· 11
    二、市场微观环境调研 ··············· 12
  第三节 市场调研机构与人员 ··········· 17
    一、市场调研机构 ···················· 18
    二、市场调研人员 ···················· 19

第二章 选择市场调研方法 ············ 23
  第一节 文案调研法 ······················ 23
    一、文案调研法的功能和特点 ······ 24
    二、文案调研的渠道和方法 ········· 26
    三、二手数据的评价标准 ············ 27
  第二节 实地调研法 ······················ 28
    一、访问调研法 ······················· 29
    二、观察调研法 ······················· 33
    三、实验调研法 ······················· 35
    四、影响市场调研方法选择的因素 ··· 38
  第三节 网络调研法 ······················ 39
    一、网络调研的基本知识 ············ 39
    二、网络调研的常用方法 ············ 41
    三、网络调研的一般步骤 ············ 42
    四、网络调研应注意的事项 ········· 44

第三章 设计市场调研方案 ············ 47
  第一节 市场调研的基本程序 ··········· 49
    一、市场调研的基本程序 ············ 49
    二、市场调研各阶段的主要工作 ··· 50
  第二节 设计市场调研方案 ············· 52
    一、设计市场调研方案的含义与意义 ··· 53
    二、设计市场调研总体方案 ········· 54

    三、调研方案设计的成果体现 ······ 57
    四、调研方案的评价 ················· 58

第四章 抽样技术 ························ 64
  第一节 抽样调研基础知识 ············· 65
    一、抽样调研 ·························· 66
    二、抽样误差 ·························· 68
  第二节 随机抽样技术 ··················· 69
    一、简单随机抽样技术 ··············· 69
    二、分层随机抽样技术 ··············· 70
    三、分群随机抽样技术 ··············· 72
    四、等距抽样技术 ···················· 73
  第三节 非随机抽样技术 ················ 74
    一、非随机抽样技术 ················· 74
    二、任意抽样技术 ···················· 75
    三、判断抽样技术 ···················· 75
    四、配额抽样技术 ···················· 75

第五章 问卷设计技术 ··················· 81
  第一节 态度测量技术 ··················· 83
    一、测量的量表 ······················· 83
    二、基本的测量技术 ················· 85
    三、量表设计中应注意的问题 ······ 93
  第二节 询问设计技术 ··················· 94
    一、问题的主要类型及询问方式 ··· 94
    二、问句的答案设计 ················· 96
    三、询问设计应注意的几个问题 ··· 98
  第三节 问卷的设计 ····················· 100
    一、调研问卷的定义与类型 ······· 100
    二、调研问卷的要求与结构 ······· 101
    三、调研问卷设计的原则与程序 ··· 103
    四、问卷设计中应注意的问题 ···· 106

第六章 调研资料整理分析技术 ···· 112
  第一节 调研资料的整理 ·············· 112

一、资料整理的步骤和内容 …………… 112
二、资料整理的方法——统计分组法 …… 113
第二节 调研资料的分析 ………………… 115
一、静态分析 ……………………………… 116
二、动态分析 ……………………………… 118
三、指数分析 ……………………………… 120
第七章 市场调研报告的撰写 …………… 125
第一节 调研报告概述 …………………… 130

一、市场调研报告的概念 ………………… 130
二、市场调研报告的意义 ………………… 130
三、市场调研报告的撰写原则 …………… 131
第二节 调研报告的撰写 ………………… 133
一、市场调研报告的结构与内容 ………… 133
二、市场调研报告的撰写步骤 …………… 136
三、市场调研报告的撰写形式与技巧 …… 137
参考文献 …………………………………… 144

第一章　解读市场调研

【教学目的与要求】

明确市场含义与市场的功能，了解市场的分类，掌握不同市场的特点；了解微观市场环境和宏观市场环境调研的主要内容，认识市场经济条件下宏观环境的具体内容，掌握市场需求调研的主要指标含义及其影响因素；了解市场调研机构的主要类型，明确市场信息网络，掌握如何借助市场调研机构；了解市场调研人员应有的素质及市场调研人员的培训。

【导读案例】

日清——智取美国快餐市场

在我国方便面市场上，尽管品牌繁多，广告不绝于耳，但令消费者真正动心的却寥寥无几，于是许多方便面生产企业感叹"消费者的口味越来越挑剔了，真是众口难调呀"。

可是，日本一家食品产销企业集团——日清食品公司，却不信这个邪，它坚持"只要口味好，众口也能调"的独特经营宗旨，从人们的口感差异性出发，不惜人力、物力、财力在食品的口味上下功夫，终于改变了美国人"不吃汤面"的饮食习惯，使日清公司的方便面成为美国人的首选快餐食品。

日本日清食品公司在准备将营销触角伸向美国食品市场的计划制定之前，为了能够确定海外扩张的最佳切入点，曾不惜高薪聘请美国食品行业的市场调研权威机构，对方便面的市场前景和发展趋势进行全面、细致的调研和预测。可是，美国食品行业的市场调研机构所得出的结论，却令日清食品公司大失所望——"由于美国人没有吃热汤面的饮食习惯，而是喜好干吃面条，单喝热汤，绝不会把面条和热汤混在一起食用，由此可以断定，汤面合一的方便面很难进入美国食品市场，更不会成为美国人一日三餐必不可少的快餐食品。"日清食品公司并没有盲目相信这一结论，而是抱着"求人不如求己"的自强自立的信念，派出自己的专家考察组前往美国进行实地调研。经过千辛万苦的商场问卷和家庭访问，专家考察组最后得出了与美国食品行业的市场调研机构截然相反的调研结论，即美国人的饮食习惯虽呈现出"汤面分食，绝不混用"的特点，但是随着世界各地不同种族移民的大量增加，这种饮食习惯在悄悄地发生着变化。再者，美国人在饮食中越来越注重口感和营养，只要在口味上和营养上投其所好，方便面有可能迅速占领美国食品市场，成为美国人的饮食"新宠"。

日清食品公司基于自己的调研结论，从美国食品市场动态和消费者饮食需求出发，确定了"系列组合拳"的营销策略，全力以赴地向美国食品市场大举挺进。

"第一拳"——他们针对美国人热衷于减肥运动的生理需求和心理需求，巧妙地把自己生产的方便面定位于"最佳减肥食品",在声势浩大的公关广告宣传中,渲染方便面"高蛋白,低热量,去脂肪,别肥胖,价格廉,易食用"等种种食疗功效;针对美国人好面子、重仪表的特点,精心制作出"每天一包方便面,轻轻松松把肥减"、"瘦身最佳绿色天然食品,非方便面莫属"等具煽情色彩的广告语,挑起美国人的购买欲望,获得了"四两拨千斤"的营销奇效。

"第二拳"——他们为了满足美国人以叉子用餐的习惯,果敢地将适合筷子夹食的长面条加工成短面条,为美国人提供饮食之便;并从美国人爱吃硬面条的饮食习惯出发,一改方便面适合东方人口味的柔软特性,精心加工出稍硬又劲道的美式方便面,以便吃起来更有嚼头。

"第三拳"——由于美国人"爱用杯不爱用碗",日清公司别出心裁地把方便面命名为"杯面",并给它起了一个地地道道的美国式副名——"装在杯子里的热牛奶",期望"方便面"能像"牛奶"一样,成为美国人难以割舍的快餐食品;他们根据美国人"爱喝口味很重的浓汤"的独特口感,不仅在面条制作上精益求精,而且在汤味佐料上力调众口,使方便面成为"既能吃又能喝"的二合一方便食品。

"第四拳"——他们从美国人食用方便面时总是"把汤喝光而将面条剩下"的偏好中,灵敏地捕捉到了方便面制作工艺求变求新的着力点,一改方便面"面多汤少"的传统制作工艺,研制生产了"汤多面少"的美式方便面,从而使"杯面"迅速成为美国消费者人见人爱的"快餐汤"。

以此"系列组合拳"的营销策略,日清食品公司果敢挑战美国人的饮食习惯和就餐需求。它以"投其所好"为一切业务工作的出发点,不仅出奇制胜地突破了"众口难调"的产销瓶颈,而且轻而易举地打入了美国快餐食品市场,开辟出了一片新天地。

(资料来源:王秀村,王月辉. 市场营销管理. 北京:北京理工大学出版社,2007)

第一节 市场与市场调研基础知识

【学习目标与要求】

- 知识点
1. 市场的含义和特点
2. 市场的功能与类型
3. 市场调研的概念和特点
4. 市场调研的类型
- 技能点
1. 理解并能解释说明市场的概念、特点、功能
2. 结合实例解释市场调研的概念和类型
3. 到实践中去,认识不同类型的市场

【讲授与训练内容】

一、市场基本知识

（一）市场含义

市场经济条件下，企业的生产和经营必须重视市场的需求，企业家都是按照自己对市场的理解来组织经营活动的。

市场是商品经济的范畴，是社会分工和商品生产的产物。在社会产品存在不同所有者的情况下，"生产劳动的分工，使它们各自的产品互相变成商品，互相成为等价物，使它们互相成为市场"。所以，哪里有商品生产和商品交换，哪里就有市场，市场是联系生产和消费的纽带。随着商品经济的发展，市场这个概念的内涵也不断充实和发展。目前对市场较为普遍的理解主要有以下几点：

1. 市场是商品交换的场所

市场是指买卖双方购买和出售商品，进行交易活动的地点或地区。作为商品交换场所的市场，对每个企业来说都很重要。企业必须了解自己的产品销往哪里，哪里是本企业产品的市场。

2. 市场是指为了满足某些特定需求而购买或准备购买特定商品或服务的消费者群体

当代著名市场营销学家菲利普·科特勒博士指出："市场是由一切具有特定需求或欲求并且愿意和可能从事交换来使需求和欲求得到满足的潜在顾客组成"。应该说，这一认识的改变，极大地拓展了市场营销人员的视野，为企业开辟了更为广阔的营销活动空间。在原有的把市场视为"固定场所"的认识指导下，企业营销活动注重的是企业产品生产出来以后在"固定场所"的交易活动，营销活动非常被动而且效果不佳。新的市场概念的建立，使市场营销人员把关注的目光从"固定的交易场所"转到了"流动着的消费者群体"，因而在产品生产之前就开始研究消费者群体的消费需求，确定适销对路的产品，使生产出来的产品能够符合消费者的需求，扩大了产品的销售，取得了营销活动的主动权。实践证明，现代市场概念对企业营销活动起到了有效的指导作用，体现出市场的真正内涵。

3. 市场是对某种商品或劳务具有需求、有支付能力和希望进行某种交易的人或组织

这里所说的市场是指有购买欲望、购买力和通过交易达到商品交换，使商品或劳务发生转移的人或组织，而不是场所。这里所指的人不是单个的人而是消费者群。从市场营销学的观点来看，这样的市场对卖主来说非常重要，它是一个有现实需求的有效市场，它具备了人口、购买力和购买欲望 3 个要素。作为现实有效的市场，这 3 个要素缺一不可。所以有的市场学家把市场用简单的公式进行概括，如图 1-1 所示。

$$市\ 场\ =\ 人\ 口\ +\ 购买力\ +\ 购买欲望$$

图 1-1　市场三要素

人口是构成市场的基本因素，哪里有人、有消费者群，哪里就有市场。一个国家或地区

的人口多少，是决定市场大小的基本前提。

购买力是指人们支付货币购买商品或劳务的能力。购买力的高低是由购买者收入多少决定的。一般地说，人们收入多，购买力就高，市场和市场需求也就大；反之，市场就小。

购买欲望是指消费者购买商品的动机、愿望和要求。它是消费者把潜在的购买愿望变为现实购买行为的重要条件，因而也是构成市场的基本要素。

4. 市场是某项商品或劳务的所有现实和潜在的购买者

这是指市场除了包括有购买力和购买欲望的现实购买者外，还包括暂时没有购买力，或是暂时没有购买欲望的潜在购买者。这些潜在购买者，一旦条件有了变化，或收入提高有购买力了，或是受宣传介绍的影响，由无购买欲望转变为有购买欲望时，其潜在需求就会转变成现实需求。对卖主来说，明确本单位产品的现实和潜在购买者及其需求量多少，对正确制定生产计划和进行营销决策具有重要意义。

5. 市场是商品交换关系的总和

其主要是指买卖双方、卖方与卖方、买方与买方、买卖双方各自与中间商、中间商与中间商之间，商品在流通领域中进行交换时发生的关系；它还包括商品在流通过程中促进或发挥辅助作用的一切机构、部门（如银行、保险公司、运输部门、海关等）与商品的买卖双方之间的关系。这个概念是针对商品交换过程中人与人之间的经济关系而言的。

> **思考：**
> 如果有人说："中国的汽车市场很大。"他说的是什么意思？

（二）市场的功能

市场的功能指市场机体在运行过程中发生的功用或效能。尽管由于社会形态和商品经济发达程度的不同，市场在性质、规模以及发育状况、地位、作用等方面存在着差异，但其基本功能是一切市场所共有的，是市场活动所具有的内在属性。这具体表现在以下几个方面：

1. 交换功能

交换功能表现为以市场为场所和中介，促进和实现商品交换的活动。在商品经济条件下，商品生产者出售商品，消费者购买商品，以及经营者买进卖出商品的活动，都是通过市场进行的。市场不仅为买卖各方提供交换商品的场所，而且通过等价交换的方式促成商品所有权在各当事人之间让渡和转移，从而实现商品所有权的交换。与此同时，市场通过提供流通渠道，组织商品存储和运输，推动商品实体从生产者手中向消费者手中转移，完成商品实体相交换。这种促成和实现商品所有权交换与实体转移的活动，是市场最基本的功能。尽管随着市场经济的发展，商品的范围已扩展到各种无形产品及生产要素，如服务、信息、技术、资金、房地产、劳动力、产权等，但上述商品仍然是通过市场完成其交换和流通运动的。

2. 反馈功能

市场把交换活动中产生的经济信息传递、反映给交换当事人，就是市场的反馈功能。商品出售者和购买者在市场上进行交换活动的同时，不断输入有关生产、消费等方面的信息。这些信息经过市场转换，又以新的形式反馈输出。市场信息的形式、内容多种多样，归结起来都是市场上商品供应能力和需求能力的显像,是市场供求变动趋势的预示,其实质反映了社会资源在各部门的配置比例。市场的信息反馈功能,可以为国家宏观经济决策和企业生产经营决策提供重要依据:一方面,国家可以根据市场商品总量及其结构的信息反馈,判断国民经济各部门之间的比例关系恰当与否,并据此规划和调整社会资源在各部门的分配比例;另一方面,企业也可以根据商品的市场销售状况的信息反馈,对消费偏好和需求潜力做出判断和预测,从而决定和调整企业的经营方向。

随着社会信息化程度的提高,市场的信息反馈功能将日益加强。

3. 调节功能

调节功能指市场在其内在机制的作用下,能够自动调节社会经济的运行过程和基本比例关系。市场作为商品经济的运行载体和现实表现,本质上是价值规律发生作用的实现形式。价值规律通过价格、供求、竞争等作用形式转化为经济活动的内在机制。市场机制以价格调节、供求调节、竞争调节等方式,对社会生产、分配、交换、消费的全过程进行自动调节。例如,调节社会资源在各部门、行业、企业间的配置与生产产品总量和种类构成;调节各个市场主体之间的利益分配关系;调节市场商品的供求总量与供求结构;调节社会消费水平、消费结构和消费方式等。在上述调节的基础上,最终达到对社会经济基本比例关系的自动调节。调节功能是市场最主要的具有核心意义的功能。

除上述基本功能外,在市场经济条件下,市场作为经济运行的中枢和集中体现,还具有以下重要作用:

(1)市场是社会资源的主要配置者。资源指社会经济活动中人力、物力、财力的总和。资源配置是对相对稀缺的资源在各种可能的生产用途之间做出选择,或者说是各种资源在不同使用方向上的分配,以获得最佳效率的过程。合理配置资源,使其得到充分利用,避免不必要的闲置和浪费,是任何社会经济活动的中心问题。资源配置有自然配置、市场配置和计划配置3种方式。其中,市场配置是市场经济中资源配置的主要方式,即各种资源通过市场调节实现组合和再组合。具体表现为,各种资源通过参与市场交换在全社会范围内自由流动;按照市场价格信号反映的供求比例流向最有利的部门和地区;企业作为资源配置的利益主体通过市场竞争实现各项资源要素的最佳组合。在市场机制自动配置组合资源的基础上,推动实现产业结构和产品结构的合理化。

(2)市场是国家对社会经济实行间接管理的中介、手段和直接作用对象。在我国,国家作为全民利益的代表者,担负和行使管理社会经济的职能。但是,按照市场经济的内在要求,国家无权直接干预企业的微观经济活动,而只能采取间接调控方式进行宏观管理。市场作为全社会微观经济活动的场所和总体形式,可以成为连接宏观管理主体与微观经济活动的中介。国家运用各种宏观调控手段,直接调节市场商品供求总量及其结构的平衡关系,通过市场发出信号,间接引导和调节企业的生产经营方向,从而实现对社会经济活动全面、有效地控制。

(3)市场对企业的生产经营活动具有直接导向作用。在社会主义市场经济体制下,企业的生产经营活动直接取决于市场的调节和导向。市场运用供求、价格等调节机制引导企业生产方向,企业也根据市场供求信息决定生产什么、生产多少。企业要遵照公平竞争的市场法则、积极参与竞争，实现优胜劣汰。在营销活动中，同样要依照市场导向制定市场营销战略，选择市场营销组合，以使企业获得最佳市场营销效果。

（三）市场类型

人们往往按以下方式来划分市场：按流通环节划分，可将市场分为批发市场、零售市场；按消费者的年龄划分，可分为婴儿市场、儿童市场、青少年市场及中老年市场等；按地域界限划分，可分为国际市场、国内市场、城市市场、农村市场、沿海市场和内地市场等；按产品的种类划分，可分为钢材市场、木材市场、蔬菜市场、服装市场及书报市场等。

按照经济用途来划分，可将市场分为商品市场、房地产市场、金融市场、技术市场和劳动力市场等。

1. 商品市场

商品市场的含义有广义和狭义之分。广义的商品市场包括消费品市场、生产资料市场和服务市场、房地产市场、技术与信息市场等。狭义的商品市场只包括消费品市场、生产资料市场和服务市场等。

（1）消费品市场。

消费品市场是为了满足个人和家庭生活需要的商品市场。它一般可分为吃、穿、用3种市场。吃的市场主要有粮食市场、副食品市场和水果市场等；穿的市场主要有纺织品市场和服装市场；用的市场主要指百货、五金及家电市场等。

消费品市场具有以下基本特征：①消费者人数众多，需求差异很大；②购买一般数量少、次数多、品种杂、地点散及成交额小；③购买者大多缺乏商品的专门知识，凭个人的情感和印象来决策；④分散渠道，中间环节多，销售网点密布；⑤广告、展销、降价及示范表演等营销策略应用广泛，对消费者的诱导作用较大；⑥消费品需求正处在结构转换过程中。

（2）生产资料市场。

生产资料包括直接取自大自然的原料、从上一加工环节购得并用来进一步加工的半成品（即中间产品）及机器设备等3个部分。

生产资料市场具有以下基本特征：①生产资料的交易主要发生在企业之间，多为大宗批发交易业务，交易批量大，交易金额高；②市场需求往往和基本建设投资连在一起，直接影响宏观经济的运行。

（3）服务市场。

服务市场仅指为居民服务的市场，包括饮食服务市场，旅游观光的公园、旅店、宾馆等旅游业市场，还包括便民服务的修理业、理发业、洗染业、钟点工或保姆市场等。

服务市场具有以下基本特征：①服务是一种特殊的商品，其生产、流通和消费在时间和空间上往往是统一的，不能运输和储存；②服务市场很强调特色，服务产品不存在所谓的"同质性"；③服务产品的市场价格主要由供求双方决定，通常采用固定费用加小费的形式。

> **思考：**
> 影响消费品市场的因素有哪些？你认为目前中国居民消费结构的最大特点是什么？

2. 房地产市场

房地产是土地和地上建筑物的统称。狭义的房地产市场,是指房地产的买卖、租赁、抵押等交易活动的场所;从广义上讲,是指整个社会房地产交易关系的总和,即由市场主体、客体、价格、资金及运行机制等因素构成的一个大系统。

房地产的不可移动性,决定了房地产市场是区域性市场。人们经常称呼的中国房地产市场、亚洲房地产市场、世界房地产市场或者北京房地产市场、上海房地产市场及重庆房地产市场等,都说明了房地产市场有明显的地区特性。

开展房地产市场的调研和预测,应熟悉影响房地产市场的各种因素。从房地产供应来看,价格因素、投资来源及数量、交易条件、开发成本和税收等都有很明显的影响作用。

> **特别提示:**
> 房地产供给具有滞后性,其价格上扬,不一定马上表现为市场上供应量的增加,往往要在一个建设周期完成后,房地产的增量才能表现出来。从房地产需求来看,人口的数量和结构、房地产的价格水平、家庭收入水平、政策因素及需求者对经济形势的预期等是影响房地产需求的主要因素。

3. 金融市场、技术市场和劳动市场

(1) 金融市场。

金融市场是实现货币借贷和资金融通,办理各种票据和有价证券交易等的总称,包括金融机构与客户之间、各金融机构之间、各客户之间所有以资金商品为对象的交易。

金融市场由个人、企业、政府机构、商业银行、中央银行、证券公司、保险公司及各种基金会等构成,身份可以分为资金需求者、资金供给者、中介人和管理者4种。

对金融市场的调研,就是了解和掌握不同的参与者在各种情况下可能采取的对策,为自己能正确决策提供依据。

(2) 技术市场。

技术市场既是指进行技术商品交换的场所,如技术成果转让、技术咨询、技术服务、技术承包等,又是指技术商品交换中供需之间各种经济关系的总和。

技术市场由研究机构、大专院校、工矿企业、国防科技和国防工业部门、民办科研单位和个人及技术经营机构等构成。

对技术市场的调研包括技术成果是否配套,是否易于掌握、消化、吸收以至创新,是否有较长的生命周期,价格是否适宜,见效是否快捷等。总之,技术市场的发展主要取决于对技术商品的需求。

(3) 劳动市场。

劳动市场是劳动交换的场所及其劳动供求双方交换关系的总和。劳动市场中的交换,是等价的自由交易行为,供求双方互相选择,互相叫价,达成共同认定的价格后,才进行劳动交换活动。

劳动市场中的劳动供给是由人的行为所决定的,与人的生理特征、心理特征及人的价值观念有密切的联系。人的行为目标具有多样性，人在自主择业方面也有明显的差异。

劳动市场中的劳动需求，是社会和企业对劳动商品的需要。人们的消费需求使提供消费品的企业存在。企业根据社会消费组织生产，就形成了对劳动商品的需求。

二、市场调研基本知识

（一）市场调研的含义与特征

市场调研在营销理论研究和企业营销实践中均有重要作用。然而，做好调研工作绝非轻而易举的事，市场营销是一个复杂的动态过程，市场调研如果不能做到全面系统、细致严谨，它对决策的参考意义就要大打折扣。

1. 市场调研的含义

市场调研是市场调查与研究的简称，也被称为市场调查、市场调研、市场研究或营销研究等。由于经济、社会的不断发展，社会科学、心理科学和营销科学的理论和实践都不断丰富，市场调研的含义及范畴也随之不断拓展，使得市场调研含义的界定也有所差异。

美国市场营销协会对市场调研所作的定义是：市场调研是一种借助于信息把消费者、顾客以及公共部门和市场联系起来的特定活动，这些信息用以识别和界定市场营销的机会和问题，产生、改进和评价营销活动，监控营销绩效，增进对营销过程的理解。

菲利普·科特勒则将市场调研定义为：市场调研是系统地设计、收集、分析和报告与公司所面临的具体市场形势有关的数据和发现的过程。

本教材将市场调研定义如下：市场调研是指按照一定的程序，采用科学的方法，对与营销决策相关的数据进行系统地设计、收集、分析，并把分析结果向管理者报告的过程。

市场调研要明确营销管理中的经营决策问题，详细规定研究这些问题所需的信息，设计收集信息的方法，管理并实施数据收集过程，分析调查结果，向管理者报告结果并解释结果的含义。

2. 市场调研的特征

市场调研的任务是产生用于决策的正确信息，为此由市场调研获得的信息应是所涉及事物的客观反映，其本质是收集和评估特定信息，以求明确研究变量之间的关系，帮助组织更好地了解市场需求。市场调研的基本特征有以下几个方面：

（1）系统性。

首先，市场调研活动不只存在于生产、营销活动之前，也存在于产前、产中和产后；其次，市场调研活动是一个系统，包括编制调研计划、设计调研问卷、抽取样本、访问、收集资料、整理资料、分析资料和撰写分析报告等完整过程；再次，影响市场调研的因素也是一个系统，诸多因素互联构成一个整体。

（2）目的性。

任何一种调研都应有明确的目的，并围绕目的进行具体的调研。市场调研是个人或者组织的一种有目的的活动，利用市场调研，收集相关资料并进行整理分析以提高预测和决策的科学性。

(3) 科学性。

市场调研的数据收集、整理和分析数据的方法都是在科学原理指导下，按照一定的程序进行的。因为影响现代市场的因素很多并且相互之间关系复杂，如果只是就事论事，不进行全面的资料收集和综合分析则很难得出有价值的信息。通过采用科学的方法和技术，在收集资料的基础上，经过去粗取精、去伪存真、由此及彼、由表及里的整理加工和分析研究过程，才能逐步揭示出市场的真实面目和发展变化的规律。

(4) 广泛性。

市场调研的内容复杂，涉及企业生产经营活动的各个方面和各种要素。它既收集包括像供应、需求数量，商品价格变化趋势、人口数量的变动、家庭规模的变动状况等客观存在的市场事实，也包括消费者的购买态度、意愿、动机等主观范畴的事实，以及常见的媒介接触习惯、对商品品牌的喜爱等，还有人们的理想、信念、价值观和人生观等。

(5) 不确定性。

市场调研需要花费一定的人力、物力、财力和时间，调研有时候会因为经费、时间、空间范围等因素的限制而不能全面收集信息，因此，市场调研有可能只掌握了部分信息，或者有用的信息在调查时被忽略了。同时，由于市场是一个受众多因素综合影响和作用的消费者群体，影响市场的因素具有不确定性，这就意味着作了调研并不一定能保证决策成功，不能认为做了市场调研就万事大吉。

(二) 市场调研的基本类型与要求

1. 市场调研的类型

市场调研既涉及市场营销的各个方面，又运用了许多经济学、社会学、心理学和统计学的方法，其分类标准也因此而多种多样。本教材主要按照调研的目的和功能将市场调研分为探索性调研、描述性调研和因果性调研3种类型。

(1) 探索性调研。

探索性调研是为了使问题更明确而进行的小规模调研活动。这种调研特别有助于把一个大而模糊的问题表达为小而准确的子问题，并识别出需要进一步调研的信息。

比如，某公司的市场份额下降了，公司无法——查知原因，就可用探索性调研来发掘问题：是经济衰退的影响，是广告支出的减少，是销售代理效率低，还是消费者的习惯改变了等。总之，探索性调研具有灵活的特点，适合于调研那些知之甚少的问题。

不能肯定问题性质时，可用探索性调研。

(2) 描述性调研。

描述性调研是寻求对"谁"、"什么事情"、"什么时候"、"什么地点"这样一些问题的回答。它可以描述不同消费者群体在需要、态度、行为等方面的差异。描述的结果，尽管不能对"为什么"给出回答，但也可用作解决营销问题所需的全部信息。

比如，某商店通过调研了解到该店67%的顾客主要是年龄在18～44岁之间的妇女，并经常带着家人、朋友一起来购物。这种描述性调研提供了重要的决策信息，使该商店特别重视直接向年龄在18～44岁之间的妇女开展促销活动。

对有关情形缺乏完整的知识时可用描述性调研。

（3）因果性调研。

因果性调研是调研一个因素的改变是否引起另一个因素改变的研究活动，目的是识别变量之间的因果关系。

比如，预期价格、包装及广告费用等对销售额有影响。这项工作要求调研人员对所研究的课题有相当丰富的知识，能够判断一种情况出现了，另一种情况会接着发生，并能说明其原因所在。

需要对问题严格定义时可使用因果性调研。

2. 市场调研的基本要求

（1）端正指导思想。要树立为解决实际问题而进行调研的思想，牢记"一切结论产生于调研的末尾"。注意防止那种为了某种特殊需要，根据内定的调子，带着事先想出的观点和结论，然后去寻找"合适"的素材来印证的虚假调研。

（2）如实反映情况。对调研来的情况，一是一，二是二，有则有，无则无，好则好，坏则坏，坚持讲真话。

（3）选择有效方法。采用何种调研研究方法，一般应综合考虑调研的效果和人力、物力、财力的可能性以及时间限度等。对某些调研项目，往往需要同时采用多种不同的调研方法，比如涉及消费行为的调研，就需要交叉运用访问法、观察法等多种方法。

（4）安排适当场合。安排调研的时间和地点时，要为被调研者着想，充分考虑被调研者是否方便，是否能引起被调研者的兴趣等。

（5）注意控制误差。影响市场的因素十分复杂，调研过程难免产生误差，但是应将调研误差控制在最低限度，尽量保持调研结果的真实性。

（6）掌握谈话技巧。调研人员在调研访问时的口吻、语气和表情对调研结果有很直接的影响，因此谈话特别需要讲究技巧。

（7）注意仪表和举止。一般来讲，调研人员穿着整洁，举止端庄，平易近人，就容易与被调研者打成一片；反之则会给被调研者以疏远的感觉，使之不愿与调研人员接近。

（8）遵守调研纪律。包括遵纪守法，尊重被调研者的意见，尊重特定市场的风俗习惯，在少数民族地区要严格执行民族政策，注意保密和保管好调研的资料等。

第二节　市场调研内容

【学习目标与要求】

● 知识点

1. 市场基本环境调研的内容构成
2. 市场需求调研与市场供给调研的主要内容及其影响因素

● 技能点

1. 能解释说明市场基本环境调研的主要内容
2. 结合实例说明影响供求的因素

3. 到企业去，认识市场营销环境调研的内容

【讲授与训练内容】

一、市场宏观环境调研

（一）政治环境调研

政治环境是指企业市场营销活动的外部政治形势。政治环境调研，主要是了解对市场影响和制约的国内外政治形势以及国家管理市场的有关方针政策。

一个国家的政局稳定与否，会给企业营销活动带来重大的影响。如果政局稳定，人民安居乐业，就会给企业营销营造良好的环境。相反，政局不稳，社会矛盾尖锐，秩序混乱，就会影响经济发展和市场的稳定。企业在市场营销中，一定要考虑特定国家或地区政局变动和社会稳定情况可能造成的影响。

政治环境调研主要是要收集相关信息以分析国内的政治环境和国际的政治环境。国内的政治环境包括以下一些要素：政治制度、政党和政党制度、政治性团体、党和国家的方针政策和政治气氛等；国际政治环境主要包括国际政治局势、国际关系、目标国的国内政治环境。

政治环境对企业营销活动的影响主要表现为国家政府所制定的方针政策，如人口政策、能源政策、物价政策、财政政策、货币政策等，都会对企业营销活动带来影响。

例如，国家通过降低利率来刺激消费的增长；通过征收个人收入所得税调节消费者收入的差异，从而影响人们的购买；通过增加产品税，对香烟、酒等商品的增税来抑制人们的消费需求。

（二）法律环境调研

世界许多发达国家都十分重视经济立法并严格遵照执行。我国作为发展中国家，也正在加速向法制化方向迈进，先后制定了经济合同法、商标法、专利法、广告法、环境保护法等多种经济法规和条例，这些都对企业营销活动产生了重要的影响。随着外向型经济的发展，我国与世界各国的交往越来越密切，由于许多国家都制定有各种适合本国经济的对外贸易法律，其中规定了对某些出口国家所施加的进口限制、税收管制及有关外汇的管理制度等。这些都是企业进入国际市场时所必须了解的。

（三）经济环境调研

经济环境对市场活动有着直接的影响，对经济环境的调研，主要可以从生产和消费两个方面进行。

1. 生产方面

生产决定消费，市场供应、居民消费都有赖于生产。生产方面调研主要包括能源和资源状况、交通运输条件、经济增长速度及趋势产业结构、国民生产总值、通货膨胀率、失业率以及农、轻、重比例关系等。

2. 消费方面

消费对生产具有反作用，消费规模决定市场的容量，也是经济环境调研不可忽视的重要

因素。消费方面调研主要是了解某一国家（或地区）的国民收入、消费水平、消费结构、物价水平、物价指数等。

> **思考：**
> 为什么说在经济环境调研中，应着重把握一国（或地区）总的经济发展前景？

（四）社会文化环境调研

社会文化环境在很大程度上决定着人们的价值观念和购买行为，它影响着消费者购买产品的动机、种类、时间、方式乃至地点。经营活动必须适应所涉及国家（或地区）的文化和传统习惯，才能为当地消费者所接受。

例如，在销往中东地区的各种用品中不能含有酒精，这是因为该地区绝大多数的居民笃信伊斯兰教，严禁饮酒；又如，有些地区消费者喜欢标有"进口"或"合资"字样的商品，而另一些地区消费者却可能相反，这种情况一方面与民族感情有关，另一方面也与各国、各民族的保守意识和开放意识有关，这些都要通过市场调研去掌握。

（五）科技环境调研

科学技术是生产力。及时了解新技术、新材料、新产品、新能源的状况，国内外科技总的发展水平和发展趋势，本企业所涉及的技术领域的发展情况，专业渗透范围、产品技术质量检验指标和技术标准等。这些都是科技环境调研的主要内容。

（六）地理和气候环境调研

各个国家和地区由于地理位置不同，气候和其他自然环境也有很大的差异，它们不是人为造成的，也很难通过人的作用去加以控制，只能在了解的基础上去适应这种环境。应注意对地区条件、气候条件、季节因素、使用条件等方面进行调研。气候对人们的消费行为有很大的影响，从而制约着许多产品的生产和经营，如衣服、食品、住房等。

例如，我国的藤制家具在南方十分畅销，但在北方则销路不畅，受到冷落，其主要原因是北方气候干燥，这种家具到北方后往往发生断裂，影响了产品的声誉和销路。

由此可见，地理和气候环境与社会环境一样，也是市场调研不可忽视的一个重要内容。

二、市场微观环境调研

（一）市场需求调研

需求通常是指人们对外界事物的欲望和要求，人们的需求是多方面、多层次的。

> **特别提示：**
> 需求的多层次性表现在人的需求有5个递进层次，即生理需要、安全需要、社交需要、受尊敬需要和自我实现需要，其中生理需要是最重要和最基本的，人们只有满足了生理需要，才会产生更高层次的需要。

在市场经济条件下，市场需求是指以货币为介质，表现为有支付能力的需求，即通常所称的购买力,购买力是决定市场容量的主要因素,是市场需求调研的核心。此外,由于市场是由消费者所构成的,因此,只有对消费者人口状况进行研究,对消费者各种不同的消费动机和行为进行把握,才能更好地为消费者服务,开拓市场的新领域。

1. 社会购买力总量及其影响因素调研

社会购买力是指在一定时期内,全社会在市场上用于购买商品和服务的货币支付能力。社会购买力包括 3 个部分,即居民购买力、社会集团购买力和生产资料购买力。其中,居民购买力尤其是居民消费品购买力是社会购买力最重要的内容,历来是市场需求调研的重点。

影响居民消费品购买力的因素调研主要包括居民货币收入(从市场营销角度出发,通常考虑居民个人收入、可支配收入和可随意支配收入 3 个项目)、居民非商品性支出、结余购买力(表现为储蓄存款、手存现金和各种有价证券,三者处在经常变动之中)和流动购买力这 4 个方面。

通过对购买力总量及其影响因素的调研,可使企业对所在地区的市场容量情况有一个整体的了解,为企业在计划期安排业务计划、确定生产和销售规模提供重要依据。

2. 购买力投向及其影响因素调研

购买力投向是指在购买力总额既定的前提下,购买力的持有者将其购买力用于何处,购买力在不同商品类别、不同时间和不同地区都有一定的投放比例,对购买力投向及其变动的调研,可为企业加强市场预测、合理组织商品营销活动和制定商品价格提供参考依据。

购买力投向调研,主要是搜集社会商品零售额资料,并对其做结构分析,它是从卖方角度观察购买力投向变动,其方法是将所搜集到的社会商品零售额资料按商品主要用途(如吃、穿、用、住、行等)进行分类,计算各类商品零售额占总零售额的比例,并按时间顺序排列,以观察其特点和变化趋势,它直接反映了一定时期全国或某地区的销售构成,在商品供应正常的情况下,它基本上反映了商品的需求构成,当某类商品供应不足,需求受到抑制时,它只能在一定程度上反映商品的需求构成。

影响购买力投向变动的主要因素包括消费品购买力水平和增长速度的变化、消费条件的变化、商品生产和供应情况、商品销售价格的变动、社会时尚及消费心理变化和社会集团购买力控制程度等。

(二)消费者人口状况调研

某一国家(或地区)购买力总量及人均购买力水平的高低决定了该国(或地区)市场需求的大小。在购买力总量一定的情况下,人均购买力的大小直接受消费者人口总数的影响,为研究人口状况对市场需求的影响,便于进行市场细分化,就应对人口情况进行调研。

此项调研的主要内容包括以下几个方面:

1. 人口数量

在收入水平和购买力大体相同的条件下,人口数量的多少直接决定了市场规模和市场发展的空间,人口数量与市场规模成正比。从全世界的角度来看,世界人口正呈现出爆炸性的增长趋势。世界人口的增长速度对商业有很大的影响,人口增长意味着人类需求的增长。但只有在购买力保证的前提下,人口增长才意味着市场的扩大。

2. 人口结构

人口结构包括人口的年龄结构、教育结构、家庭结构、收入结构、职业结构、性别结构、阶层结构和民族结构等多种因素。其中，人口的年龄结构最主要，直接关系到各类商品的市场需求量，以及企业目标市场的选择。

3. 人口分布

人口分布可以从人口的城乡分布与地域分布两方面考察。

例如，从城乡人口分布的总体上看，中国城镇特别是大、中城市人口少、密度大、消费需求水平高；乡村人口多、密度小、消费需求水平低。从区域人口分布看，中国东部沿海地区经济发达，人口密度大，消费水平高；中西部地区经济相对落后，人口密度小，消费水平低。

4. 家庭组成

家庭是构成社会的最基本单位，也是构成市场的最基本的消费单位。从生活必需品、日常用品到耐用消费品，绝大多数商品都是以家庭为单位购买和消费的。一个国家或地区的家庭单位和家庭平均成员的多少及家庭组成状况等，直接影响着许多消费品的需求量。

例如，我国因为出生率的下降，结婚人数也随之减少，购买的对象也不断发生变化。20世纪70年代追求全套家具，80年代追求黄金首饰，90年代追求高档电器。目前已开始转向追求住宅和汽车。

5. 教育与职业

人口受教育程度和职业不同，消费需要和习性存在明显的差异，对市场也会产生一定的影响。

例如，对于受教育程度低的人口，广告就得突出公司形象而不是产品；对于受教育程度高的人口，接触广告媒体更多的会是文字、互联网。

（三）消费者购买动机和行为调研

1. 消费者购买动机调研

所谓购买动机，就是为满足一定的需要，而引起人们购买行为的愿望和意念。消费者购买动机调研的目的主要是弄清购买动机产生的各种原因，以便采取相应的诱发措施。

2. 消费者购买行为调研

消费者购买行为是消费者购买动机在实际购买过程中的具体表现，消费者购买行为调研，就是对消费者对特定产品购买模式和习惯的调研，即通常所讲的"三W"、"一H"调研，即了解消费者在何时购买（When）、何处购买（Where）、由谁购买（Who）和如何购买（How）等情况。

（1）消费者何时购买的调研。

例如，某商场在对一周内的客流进行实测调研后发现，一周中客流量最多的是周日，最少的是周一；而在一天内，客流最高峰为职工上下班时间，即上午11时和下午5时；其他时间客流人数也均有一定的分布规律。据此，商场对人员和货物都做出了合理安排，做到忙时多上岗、闲时少上岗，让售货员能在营业高峰到来时，以最充沛和饱满的精神面貌迎接顾客，从而取得了较好的经济效益和社会效益。

（2）消费者在何处购买的调研。

例如，在为某商场所做的市场营销环境调研中了解到：有59%的居民选择距家最近的商店，有10%的居民选择距工作地点最近的商店，有7%的居民选择上下班沿途经过的商店；有18%的居民选择有名气的大型、综合、专营商店；有6%的居民则对购物场所不加选择，即随意性购物。

（3）谁负责家庭购买的调研。

（4）消费者如何购买的调研。

（四）市场供给调研

市场供给是指全社会在一定时期内对市场提供的可交换商品和服务的总量。它与购买力相对应，由居民供应量、社会集团供应量和生产资料供应量3部分组成。

对市场供给的调研，可着重调研以下几个方面：

1. 商品供给来源及影响因素调研

市场商品供应量的形成有着不同的来源，从全部供应量的宏观角度看，除由国内工、农业生产部门提供的商品、进口商品、国家储备拨付和挖掘社会潜在物资外，还有期初结余的供应量。

影响各种来源供应量的因素可归纳为以下几个方面：生产量、结余储存、进出口差额及地区间的货物流动、价格水平、商品销售前景预期。

2. 商品供应能力调研

商品供应能力调研是对工商企业的商品生产能力和商品流转能力进行的调研。调研主要包括以下几个方面的内容：

（1）企业现有商品生产或商品流转的规模、速度、结构状况如何？能否满足消费要求？

（2）企业现有的经营设施、设备条件如何？其技术水平和设备现代化程度在同行业中处于什么样的地位？是否适应商品生产和流转的发展？

（3）企业是否需要进行投资扩建或者更新改建？

（4）企业资金状况如何？自有资金、借贷资金和股份资金的总量、构成及分配使用状况如何？企业经营的安全性、稳定性如何？

（5）企业的现实盈利状况如何？综合效益怎么样？

（6）企业现有职工的数量、构成、思想文化素质、业务水平如何？是否适应生产、经营业务不断发展的需要等。

3. 商品供应范围调研

商品供应范围及其变化，会直接影响到商品销售量的变化。范围扩大意味着可能购买本企业商品的用户数量的增加，在正常情况下会带来销售总量的增加；反之，则会使销售总量减少。此项调研的主要内容包括：

（1）销售市场的区域有何变化？

（2）所占比例有何变化？

（五）市场营销活动调研

市场营销活动调研要围绕营销组合展开调研活动。其内容主要包括竞争对手状况调研、商品实体和包装调研、价格调研、销售渠道调研、产品寿命周期调研和广告调研等，现分述如下：

1. 竞争对手状况调研

竞争对手状况调研的目的是帮助企业识别现有竞争对手，发现潜在竞争对手，深入了解竞争对手的竞争实力，掌握竞争对手的动向，为客户制定有效的竞争战略和策略提供重要的信息支持和参考依据。

竞争对手状况调研的主要内容包括：

（1）竞争对手的基本信息，包括企业背景、发展历史、重要领导人背景、规模、行业经验、市场地位等。

（2）竞争对手的产品及价格策略，包括产品线、产品特征、产品主要顾客群、产品价格体系等。

（3）竞争对手的渠道，包括渠道体系、渠道模式、主要渠道成员描述、渠道管理、渠道开发与维护、渠道价格体系、渠道报告制度等。

（4）竞争策略分析，包括企业 SWOT 分析、主要竞争优势、主要竞争对手、竞争策略等。

（5）营销策略分析，包括主要目标市场、客户群特征、营销战略、广告策略、公关策略及促销策略等。

（6）竞争对手财务状况，包括注册资本、营业额、利润率、负债率及其他相关的财务指标等。

2. 产品调研

（1）产品实体调研。

产品实体调研是对产品本身各种性能的好坏程度所做的调研，它主要包括以下几个方面：

1）产品性能调研。

例如，某企业在对淋浴器市场进行调研中了解到，淋浴器的安全性是消费者购买淋浴器时所考虑的最重要的因素，因此，该企业将提高产品质量作为整个工作的中心环节来抓，很快使产品质量达到国内一流水平，并在广告中加以强调，使该企业商品盛销不衰。

2）产品的规格、型号、式样、颜色和口味等方面的调研。

例如，在国际市场上，各国对颜色有各种好恶。在法国和德国，人们一见到墨绿色就会联想起纳粹，因而许多人厌恶墨绿色；利比亚、埃及等伊斯兰国家将绿色视为高贵色；在我国，红色则象征着欢快、喜庆。可见，企业只有在对此了解的基础上，投其所好，避其所恶，才能使商品为消费者所接受。

3）产品制作材料调研。

例如，纸张可以设计出各种不同造型结构的产品，但不能像玻璃那样设计出复杂多变的造型；马口铁皮可以设计出各种造型和各种开启结构的罐、听、盒，但是马口铁皮不能设计出如同玻璃和某些塑料那样的透明效果。

（2）产品包装调研。

例如，日本大和民族的多神信仰形成的"神化包装"；泰国、缅甸、印度等信仰佛教的各民族，形成了"佛化包装"，什么包装都与"佛"联系起来，商品就好销，若反对"佛"就滞销；阿拉伯民族信仰"真主"，包装能体现"真主"意愿的话，就受到消费者欢迎；而新加坡则因信仰关系，禁止在包装上使用如来佛的图案。

（3）产品生命周期调研。

3. 价格调研

历史上，在多数情况下，价格是作为买者作出选择的主要决定因素，但是在最近的10年里，在买者选择行为中非价格因素已经相对地变得更重要了。但是，价格仍是决定公司市场份额和盈利率的最重要因素之一。

此项调研的主要内容包括产品现行价格水平的调研、产品价格策略的调研等。

4. 销售渠道调研

销售渠道是企业整个营销系统的重要组成部分，它对降低企业成本和提高企业竞争力具有重要意义。随着市场发展进入新阶段，旧的渠道模式已不能适应形势的变化，企业的销售渠道不断发生新的变革。

此项调研的主要内容包括渠道的拓展方向、分销网络建设和管理、区域市场的管理、营销渠道自控力和辐射力的要求等。

5. 促销调研

根据市场营销的相关理论，促销调研的主要内容涉及人员推销、广告、公共关系、营业推广等常用促销工具及其组合的调研。

其中，广告调研最为常见。

例如，日本资生堂公司为了在激烈的广告竞争中击败对手，对消费者就化妆品的需求心理和消费情况进行调研，他们将消费者按年龄分成4种类型：第一种类型为15~17岁的消费者，她们讲究打扮、追求时髦，对化妆品的需求意识较强烈，但购买的往往是单一的化妆品；第二种类型为18~24岁的消费者，她们对化妆品采取积极的消费行动，只要是中意的商品，价格再高也在所不惜，这一类消费者往往是购买整套的化妆品；第三种类型为25~34岁的消费者，她们大多数已结婚，因此对化妆品的需求心理和消费行动也有所变化，化妆已是她们的日常生活习惯；第四种类型为35岁以上的消费者，她们中间可分为积极派和消极派两种类型，但也显示了购买单一化妆品的倾向。资生堂公司根据上述情况，制定了"年龄分类"的广告销售策略，在广播、电视和报刊上，针对各类型的特点大做广告，并努力使化妆品的式样、包装适应各个消费者的特点和需要，使产品受到普遍欢迎。

第三节 市场调研机构与人员

【学习目标与要求】

● 知识点
1. 了解市场调研机构的主要类型
2. 明确市场信息网络
● 技能点
1. 掌握如何借助市场调研机构进行调研的能力

2. 掌握市场调研人员应有的素质及对市场调研人员培训的能力

【讲授与训练内容】

一、市场调研机构

（一）市场调研机构的类型

市场调研机构规模有大有小，其隶属关系及独立程度也不一样，名称更是五花八门，但归纳起来，基本上有以下几类：

1. 各级政府部门组织的调研机构

我国最大的市场调研机构为国家统计部门，国家统计局、各级主管部门和地方统计机构负责管理和分布统一的市场调研资料，便于企业了解市场环境变化及发展，指导企业微观经营活动。此外，为适应经济形势发展的需要，统计部门还相继成立了城市社会经济调研队、农村社会经济调研队、企业调研队和人口调研队等调研队伍。除统计机构外，中央和地方的各级财政、计划、银行、工商、税务等职能部门也都设有各种形式的市场调研机构。

2. 专业性市场调研机构

这类调研机构在国外的数量是很多的，它们的产生是社会分工日益专业化的表现，也是当今信息社会的必然产物。主要有3种类型的公司。

（1）综合性市场调研公司。这类公司专门搜集各种市场信息，当有关单位和企业需要时，只需交纳一定费用，就可随时获得所需资料。同时，它们也承接各种调研委托，具有涉及面广、综合性强的特点。

（2）咨询公司。这类公司一般由资深的专家、学者和有丰富实践经验的人员组成，为企业和单位进行诊断，充当顾问。这类公司在为委托方进行咨询时，也要进行市场调研，对企业的咨询目标进行可行性分析。当然，它们也可接受企业或单位的委托，代理或参与调研设计和具体调研工作。

（3）广告公司的调研部门。广告公司为了制作出打动人心的广告，取得良好的广告效果，就要对市场环境和消费者进行调研。广告公司大都设立调研部门，经常大量地承接广告制作和市场调研。

3. 企业内部的调研机构

目前国外许多大的企业和组织，根据生产经营的需要，大都设立了专门的调研机构，市场调研已成为这类企业固定性、经常性的工作。

例如，可口可乐公司设立了专门的市场调研部门，并由一个副经理负责管理。这个部门的工作人员有调研设计员、统计员、行为科学研究者等。

4. 其他相关机构

除了以上提到的市场调研机构之外，还有一些相关机构也开展市场调研活动，比如新闻单位、大学和研究机关的调研机构。这些机构一般不是商业性的经营机构，它们除为其所属单位提供各种各样的资料外，有时也向企业或者投资者提供有偿的市场调研或者咨询服务。

（二）如何借助市场调研机构

当企业缺乏必要的市场调研机构，或对有效实施市场调研感到力不从心时，可以考虑借助企业外部的专业性市场调研机构来完成调研任务，如委托广告公司、咨询公司、信息中心等机构进行市场调研。

> **思考：**
> 由专业性的营销调研机构进行营销调研可能会有哪些好处？

当企业需要委托市场调研专业机构进行调研时，应做到知己知彼，慎重地选择合作对象，以取得事半功倍的效果。

> **思考：**
> 企业在委托调研机构完成调研任务时，应首先明确哪些问题？

企业做出委托调研计划，用来与市场调研机构进行洽谈。

> **特别提示：**
> 企业在选择营销调研机构时，必须了解和考虑以下几个方面的因素：目前有哪些营销调研机构？如何与它们联系？调研机构的信誉如何？调研机构的业务能力如何？调研机构是否具有丰富的经验？营销调研机构拥有什么样的硬件和软件条件？调研机构收费是否合理？

二、市场调研人员

（一）市场调研人员的素质

市场调研人员是调研工作的主体，其数量和质量直接影响市场调研的结果，因此，市场调研机构必须根据调研工作量的大小及调研工作的难易程度，配备一定数量并有较高素质的工作人员。

按市场调研的客观要求，调研人员应具备以下基本素质：

1. 责任感

调研人员的工作既艰苦又繁琐，而且常常需要独立工作，这就要求调研组织者必须选聘具有强烈责任感的调研人员，否则极有可能发生调研人员不严格按照调研计划执行调研方案，从而损害市场调研的准确性。

2. 诚信

调研人员的工作在某种程度上就是要通过各种各样的方法揭示被调研问题的真相。诚信是调研人员有效完成调研任务的基本保证。此处的诚信至少包含两个方面的含义：其一是对市场调研机构或委托者要诚信，不能欺骗客户；其二是对被调研者保持诚信，做到不欺骗。

3. 应变性

由于调研对象及其所处环境的不确定性，使调研人员不可避免地要面对各种临时出现的情况，因此要求调研人员对市场环境的变化保持敏感，有一定的洞察力，能灵活处理、应对各种突发情况。

4. 良好的沟通能力

调研人员的工作需要和各种各样的人接触，如不同年龄层次、社会阶层等，不同的受访者因为知识背景和阅历等的不同，对市场调研的反应也不同。调研人员必须有良好的沟通能力，尽可能熟悉被调查者的背景、兴趣，才有可能赢得他们的信任，与他们更好地进行沟通，从而顺利地开展市场调研活动。

5. 学习能力

有些市场调研人员没有接受过市场调研知识的系统学习，因此调研人员必须具备较强的学习能力，才能迅速地掌握市场调研的专业知识及新的信息分析技术，才能为调研活动的开展提供保障。

6. 吃苦耐劳

市场调研人员的工作强度很大，这就要求市场调研人员必须具备吃苦耐劳的精神，才能保障调研工作的顺利开展。

（二）市场调研人员的培训

1. 培训的基本内容

市场调研人员的重要作用及对调研人员的客观要求，都提出了对人员进行培训的问题。培训的内容应根据调研目的和受训人员的具体情况而有所不同。通常包括以下3个内容：

（1）思想道德方面的教育。主要是组织调研人员学习市场经济的一般理论，国家有关政策、法规，充分认识市场调研的重要意义，使他们有强烈的事业心和责任感，端正工作态度和工作作风，激发调研的积极性。

（2）性格修养方面的培养。主要是对调研人员在热情、坦率、谦虚、礼貌等方面进行培训。

（3）市场调研业务方面的训练。此处不仅需要讲授市场调研原理、统计学、市场学、心理学等知识，还需要加强问卷设计、提问技巧、信息处理技术、分析技术及报告写作技巧等技能方面的训练。

此外，规章制度也应列入培训的内容，调研人员必须遵守组织内部和外部的各种规章制度，这是调研得以顺利进行的保证。

2. 培训的途径和方法

（1）培训的途径。培训有两条基本途径：一是业余培训；二是离职培训。离职培训可以采取两种方式：一种是举办各种类型的调研人员培训班；另一种是根据调研人员的工作特点和本部门的需要，送他们到各类经济管理院校相应专业，系统学习一些专业基础知识、调研业务知识、现代调研工具的使用知识等。这种方法能使调研人员有较扎实的基础，但投资较大。

（2）市场调研人员的培训方法。培训方法主要有：集中讲授方法；以会代训方法，即由主管市场调研的部门召集会议，通常有研讨会和经验交流会两种形式；以老带新方法；模拟训练方法；实习锻炼方法。在培训时可根据培训目的和受训人员的具体情况加以选用。

【思考与讨论】

1. 如何理解市场的含义？
2. 市场有哪些功能和作用？
3. 比较消费品市场和生产资料市场各有什么特征？
4. 结合中国房地产业的实际，说明影响房地产市场的因素有哪些？
5. 市场调研有哪些类型和基本要求？
6. 你是怎样理解市场调研的特点的？
7. 市场调研应按什么程序进行？
8. 如何理解企业发展与市场基本环境之间的关系？
9. 经济环境调研有哪些主要内容？
10. 举例说明企业发展中文化环境有何重要性？
11. 说说你对社会商品购买力有何理解。
12. 影响社会商品购买力四大因素之间有何关系？
13. 如何借助专业的市场调研机构实施调研？
14. 市场调研人员应有的素质有哪些？

【案例分析】

康泰克的代价

康泰克是中美天津史克公司于1989年推出的一种治疗感冒的药物，通过这些年广泛的宣传，已家喻户晓，成为广大消费者治疗感冒的第一选择。"当你打第一个喷嚏时，康泰克12小时持续效应"的广告已成为广告界的佳话。

10年间康泰克在市场的累计销量已经超过100亿粒（截至2000年年底），年销售额高达6亿元，在感冒药市场中占据较高的市场份额。但是2000年10月国家药品监督管理局（SDA）颁布禁止销售含有PPA（苯丙醇胺）的药物通告，不仅让使用过该药的患者感到担心和失望，对中美天津史克公司更是当头一棒，面临着销售额、利润下降等多方面的沉重打击。据2001年9月6日的《市场报》报道，在康泰克退出市场不到一年的时间里，中美史克公司的直接经济损失高达6亿元。与此同时，其他竞争者迅速进入感冒药市场，瓜分康泰克退出的市场份额。作为国内外闻名的医药生产者，中美天津史克公司难道从未想到过会有这一天吗？

其实早在3年前，美国食品药品监督局（FDA）就委托哈佛大学某药物研究所对PPA所造成的副反应进行跟踪及研究。对于这一信息，美国史克公司总部不会不知道，中美史克公司也不会不晓得。但他们都没有考虑到此研究结果对康泰克将造成什么样的不利后果并积极准备补救措施，更没有及时研究市场的需求状况，及时开发不含PPA的替代产品，致使在该药禁止销售后中美天津史克公司无法在短期内生产出不含PPA的康泰克。而在美国的一些生产含有PPA的厂家在得知哈佛某药物研究所正在对含有PPA的药物进行研究调研后，就迅速开始寻找替代品，掌握了药品市场的主动权。

虽然在沉寂了292天之后，中美史克公司终于推出用PSA（盐酸伪麻黄碱）取代了PPA的"新康泰克"，但中断292天生产而造成的市场空隙已很难迅速填补，即使得以填补其代价也是相当惨重的。

（资料来源：http://2009jpkc.qtc.edu.cn/templates/4/article_show5.aspx）

案例思考

康泰克产生这一问题的原因是什么？其他企业该从中得到哪些启示呢？

【实践与训练】

1. 收集利用调研信息决策的成功案例和失败案例各一个，试分析其中的原因。
2. 利用休息时间到本地各超市走一走，看一看，什么成为热卖品？这是为什么？

第二章　选择市场调研方法

【教学目的与要求】

明确文案调研的渠道和方法，掌握文案调研的功能和特点、方式和方法；掌握访问询问的几种方法，观察法的技术和实验法调研方案的设计。

【导读案例】

核桃仁增强记忆力的实验观察

为了探究核桃仁是否具有提高记忆力的功效，我选用两个品种（大鼠、小鼠）、两个年龄段（青年小鼠、老龄小鼠、老龄大鼠）的白鼠作为实验对象，分别对青年小鼠、老龄小鼠和老龄大鼠进行研究。

实验时将动物分为核桃仁组和对照组两组，青年小鼠核桃仁组 7 只，对照组 7 只；老龄小鼠核桃仁组 6 只，对照组 6 只；老龄大鼠核桃仁组 6 只，对照组 6 只。把两组动物分为两笼，放于动物房进行饲养，核桃仁组喂养混合有核桃仁的饲料，连续喂养 20 天。

喂养 20 天后，进行记忆力训练。实验采用每次入水点相同，1 次 2 分钟，以动物从入水到找到平台的时间长短作为反映学习记忆能力的指标，若动物 2 分钟尚未找到平台，将动物拿到平台上并使它在上面停留 20 秒，作为记忆训练，连续训练 5 天。所有动物在第 6 天测定记忆能力。每天上、下午各进行 1 次水迷宫测试，取平均值作为动物的学习成绩。同时，对小鼠寻找平台的轨迹进行录像，并根据录像手工描绘动物寻找平台的轨迹图。应用统计软件对实验数据进行分析。

结果发现，对照组的三组老鼠从入水至找到平台所需要的时间平均比喂核桃仁组所需要的时间长，说明喂核桃仁组小鼠记忆力增强，可见核桃仁的确能增强记忆力。

（资料来源：司高. 核桃仁增强记忆力的实验观察. 科学启蒙，2007（1））

第一节　文案调研法

【学习目标与要求】

- 知识点
1. 文案调研法含义和特点
2. 文案调研法的具体方法
- 技能点

1. 掌握二手数据的使用条件和评价标准
2. 文案调研体系的建立

【讲授与训练内容】

一、文案调研法的功能和特点

（一）文案调研法的概念与特点

1. 文案调研法的概念

文案调研法又称文献调研法、桌面调研法、室内调研法等，是一种获取二手资料（次级资料）的研究方法，是利用企业内部和外部现有的各种信息、情报资料，对调研内容进行分析研究的一种调研方法。

2. 文案调研法的特点

调研必须选用科学的方法，其方法选择恰当与否，对调研结果影响甚大。各种调研方法都有利有弊，只有详细了解各种方法，才能进行正确选择和应用。

与实地调研相比，文案调研有以下几个特点：

（1）文案调研是收集已经加工过的文案，而不是对原始资料的搜集。

（2）文案调研以收集文献性信息为主，它具体表现为收集各种文献资料。在我国，目前仍主要以收集印刷型文献资料为主。当代印刷型文献资料又有许多新的特点，即数量急剧增加，分布十分广泛，内容重复交叉，质量良莠不齐等。

（3）文案调研所收集的资料包括动态和静态两个方面，尤其偏重于从动态角度，收集各种反映调研对象变化的历史与现实资料。

（二）文案调研的功能

文案调研的功能具体表现在以下 4 个方面：

1. 可以发现问题并为市场研究提供重要参考依据

（1）市场供求趋势分析。即通过收集各种市场动态资料并加以分析对比，以观察市场发展方向。例如，根据某企业近几年的营业额平均以 15% 的速度增长，由此可推测未来几年营业额的变动情况。

（2）相关和回归分析。即利用一系列相互联系的现有资料进行回归分析，以研究现象之间相互影响的方向和程度，并可在此基础上进行预测。

（3）市场占有率分析。这是根据各方面的资料，计算出本企业某种产品的市场销售量占该市场同种商品总销售量的份额，以了解市场需求及本企业所处的市场地位。

（4）市场覆盖率分析。这是用本企业某种商品的投放点与全国该种产品市场销售点总数的比较，反映企业商品销售的广度和宽度。

2. 可为实地调研创造条件

具体表现在以下几个方面：

（1）通过文案调研，可以初步了解调研对象的性质、范围、内容和重点等，并能提供实地调研无法或难以取得的市场环境等宏观资料，便于进一步开展和组织实地调研，取得良好的效果。

（2）文案调研所收集的资料还可用来证实各种调研假设，即可通过对以往类似调研资料的研究来指导实地调研的设计，用文案调研资料与实地调研资料进行对比，鉴别和证明实地调研结果的准确性和可靠性。

（3）利用文案调研资料并经适当的实地调研，可以用来推算所需掌握的数据资料。

（4）利用文案调研资料，可以帮助探讨现象发生的各种原因并进行说明。

3. 可用于有关部门和企业进行经常性的市场调研

实地调研与文案调研相比，更费时、费力，组织起来也比较困难，故不能或不宜经常进行，而文案调研如果经调研人员精心策划，尤其是在建立企业及外部文案市场调研体系的情况下，具有较强的机动性和灵活性，随时能根据企业经营管理的需要，收集、整理和分析各种市场信息，定期为决策者提供有关市场调研报告。

4. 不受时空限制

从时间上看，文案调研不仅可以掌握现实资料，还可获得实地调研所无法取得的历史资料。从空间上看，文案调研既能对企业内部资料进行收集，还可掌握大量的有关市场环境方面的资料。

（三）文案调研法的基本要求

文案调研的特点和功能，决定了调研人员在进行文案调研时，应该满足以下几个方面的要求：

1. 广泛性

文案调研对现有资料的收集必须周详，要通过各种信息渠道，利用各种机会，采取各种方式大量收集各方面有价值的资料。一般说来，既要有宏观资料，又要有微观资料；既要有历史资料，又要有现实资料；既要有综合资料，又要有典型资料。

2. 针对性

要着重收集与调研主题紧密相关的资料，善于对一般性资料进行摘录、整理、传递和选择，以得到有参考价值的信息。

3. 时效性

要考虑所收集资料的时间是否能保证调研的需要。随着知识更新速度的加快，调研活动的节奏也越来越快，资料适用的时间在缩短，因此，只有反映最新情况的资料才是价值最高的资料。

4. 连续性

要注意所收集的资料在时间上是否连续。只有连续性的资料才便于动态比较，便于掌握事物发展变化的特点和规律。

特别提示：

文案调研具有较大的局限性，主要体现在以下几个方面：

（1）这种方法依据的主要是历史资料，过时资料比较多，实现中正在发展变化的新情况、新问题难以得到及时的反映。

（2）所收集、整理的资料和调研目的往往不能很好地吻合，数据对解决问题不能完全使用，收集资料时易有遗漏。例如，调研所需的是分月商品销售额资料，而我们所掌握的是全年商品销售额资料，尽管可计算月平均销售额，但精确度会受到影响。

（3）文案调研要求调研人员有较广博的理论知识、较深的专业知识及技能，否则将感到无能为力。此外，由于文案调研所收集的次级资料的准确程度较难把握，有些资料是由专业水平较高的人员采用科学的方法搜集和加工的，准确度较高，而有的资料只是估算和推测的，准确度较低，因此，应明确资料的来源并加以说明。

二、文案调研的渠道和方法

（一）文案调研的渠道

文案调研应围绕调研目的，收集一切可以利用的现有资料。从企业经营的角度讲，现有资料包括企业内部资料和企业外部资料。因此，文案调研的渠道也主要是这两种。

1. 企业内部资料的收集

其主要是收集企业经济活动的各种记录，包括以下 4 种：

（1）业务资料。包括与企业业务经济活动有关的各种资料，如订货单、进货单、发货单、合同文本、发票、销售记录、业务员访问报告等。

（2）统计资料。主要包括各类统计报表，企业生产、销售、库存等各种数据资料，各类统计分析资料等。

（3）财务资料。财务资料反映了企业活劳动和物化管理占用和消耗情况及所取得的经济效益，通过对这些资料的研究，可以确定企业的发展前景，考核企业经济时效。

（4）企业积累的其他资料。如平时剪报、各种调研报告、经验总结、顾客意见和建议、同业卷宗及有关照片和录相等。

例如，根据顾客对企业经营商品质量和售后服务的意见，就可以对如何改进加以研究。

2. 企业外部资料的收集

对于企业外部资料，可从以下几个主要渠道加以收集：

（1）统计部门与各级各类政府主管部门公布的有关资料。国家统计局和各地方统计局都定期发布统计公报等信息，并定期出版各类统计年鉴，内容包括全国人口总数、国民收入、居民购买力水平等，这些均是很有权威和价值的信息。这些信息都具有综合性强、辐射面广的特点。

（2）各种经济信息中心、专业信息咨询机构、各行业协会和联合会提供的市场信息和有关行业情报。这些机构的信息系统资料齐全，信息灵敏度高，为了满足各类用户的需要，他们通常还提供资料的代购、咨询、检索和定向服务，是获取资料的重要来源。

（3）国内外有关的书籍、报刊、杂志所提供的文献资料，包括各种统计资料、广告资料、市场行情和各种预测资料等。

（4）有关生产和经营机构提供的商品目录、广告说明书、专利资料及商品价目表等。

（5）各地电台、电视台提供的有关市场信息。近年来全国各地的电台和电视台为适应市场经营形势发展的需要，都相继开设了市场信息、经济博览等以传播经济、市场信息为主导的专题节目及各类广告。

（6）各种国际组织、外国使馆、商会所提供的国际市场信息。

（7）国内外各种博览会、展销会、交易会、订货会等促销会议以及专业性、学术性经验交流会议上所发放的文件和材料。

（二）文案调研的方式和方法

1. 文案调研的方式

在文案中，对于企业内部资料的收集相对比较容易，调研费用低，调研的各种障碍少，能够正确把握资料的来源和收集过程，因此，应尽量利用企业的内部资料。

对于企业外部资料的收集，可以依不同情况，采取不同的方式：

（1）具有宣传广告性质的许多资料，如产品目录、使用说明书、图册、会议资料等，是企、事业单位为扩大影响、推销产品、争取客户而免费面向社会提供的，可以无偿取得；而对于需要采取经济手段获得的资料，只能通过有偿方式获得，有偿方式取得的资料构成了调研成本，因此，要对其可能产生的各种效益加以综合考虑。

（2）对于公开出版、发行的资料，一般可通过订购、邮购、交换、索取等方式直接获得，而对于对使用对象有一定限制或具有保密性质的资料，则需要通过见解的方式获取。随着国内外市场竞争的日益加剧，获取竞争对手的商业秘密已成为市场调研的一项重要内容。

2. 文案调研的方法

要想研究现有资料，必须先查找现有资料。对于文献性资料来说，科学地查询资料具有十分重要的意义。从某种意义上讲，文案调研方法也就是对资料的查询方法，在此主要介绍文献性资料的查询方法。

（1）参考文献查找法。参考文献查找法是利用有关著作、论文的末尾所开列的参考文献目录，或者是文中所提到的某些文献资料，以此为线索追踪、查找有关文献资料的方法。采用这种方法，可以提高查找效率。

（2）检索工具查找法。检索工具查找法是利用已有的检索工具查找文献资料的方法。依检查工具不同，检索方法主要有手工检索和计算机检索两种。

> **思考：**
> 在日常学习和生活中，什么时候需要进行信息检索？试举实例说明如何进行手工检索和计算机检索。

三、二手数据的评价标准

关于同一个主题的二手数据异常繁多，如何从众多信息中筛选对当前营销研究问题有针对性的信息是关键所在。因此，研究者必须依据当前问题的性质和研究目标对所收集的二手数据进行评价。二手数据的评价标准一般有以下6个方面：

1. 收集方法

收集数据时的技术要求或者所使用的方法，是评价二手数据偏差程度的最重要标准。二手数据的技术要求包括抽样方法、样本特征、问卷设计和执行、现场督导、回收率和回答质量、数据处理方法等。上述内容可以帮助研究者评价数据的可靠性和有效性，从而决定二手数据的适用性。

2. 数据误差

调研者应当确定二手数据用于当前研究的问题是否足够准确。二手数据误差的来源是多方面的，加之研究者并没有实际参与，因此二手数据的误差评价是十分困难的。有效的解决办法是比较当前二手数据与其他二手数据的一致性。

3. 收集时间

二手数据距离当前的时间或远或近，而有的研究变量可能会因为时间的推移而发生巨大的变化，有的变量可能具有很好的稳定性，研究者应该慎重地评估二手数据是否满足当前问题的时效性要求。

4. 收集目的

收集数据的目的不同，研究者采用的数据收集方法、研究性质、信息分析等可能有所不同。研究者应考虑二手数据的收集目的与当前问题的相关程度。

5. 数据内容

关键变量定义、测量的单位、使用的分类或者分组标准等在不同的研究中是不同的。一份二手数据的时效性可能符合要求，但其采用的分组标准可能不符合要求。例如，调研家用汽车消费者和微波炉消费者所采用的职业分类、收入分组标准可能会有明显区别。

6. 可靠程度

数据来源的权威性受调研机构的声誉、专业水准、项目主持人的职业道德等因素影响，也有可能应委托方的要求处理或隐藏某些信息而导致无法判断当前信息的可靠程度。

> **思考：**
> 某酒厂希望和主要的竞争对手比较一下每桶酒分摊的广告成本，但是从收集到的数据中发现，各家酒厂的测量标准不同，有些酒厂销售报告的数据中包括了销售现场的广告费用，有些酒厂则没有包括此项费用。请考虑，该酒厂收集到的这些资料是否可用？

第二节 实地调研法

【学习目标与要求】

● 知识点

1. 访问法的含义和类型
2. 观察法的特点和主要内容

3. 实验法的优、缺点
● 技能点
1. 掌握访问询问的几种方法
2. 掌握观察法的技术
3. 掌握实验法调研方案的设计

【讲授与训练内容】

一、访问调研法

（一）访问调研的概念和类型
1. 访问调研法的概念
访问调研法又称访问询问法，就是调研人员采用访谈询问的方式向被调研者了解市场情况的一种方法，它是市场调研中最常用、最基本的调研方法。
2. 访问调研法的类型
按访问方式可分为直接访问和间接访问，按访问内容可分为标准化访问和非标准化访问，按访问内容传递方式分类，有面谈调研、电话调研、邮寄调研、留置调研和日记调研等。

（二）主要的访问调研方法
1. 面谈访问法
面谈调研法是调研者根据调研提纲直接访问被调研者，当面询问有关问题，既可以是个别面谈，主要通过口头询问；也可以是群体面谈，可通过座谈会等形式。
在市场调研实践中，面谈调研常见的有以下两种：
（1）直接访问法。
也称为家庭访问法或个人访问法，指调研者与单个的被调研者面对面进行交谈收集资料的方法。其基本工作程序如图 2-1 所示。

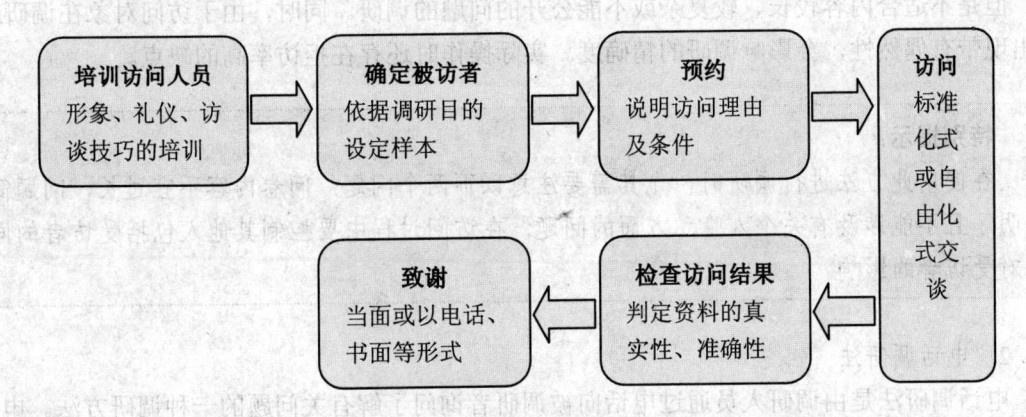

图 2-1 面谈访问法的基本程序

此种调研方法可以对一些具有一定深度的问题进行比较深入的研究，由于调研人员与被访者面对面进行交谈，具有较强的直接性和灵活性，从而可以确保较高的准确性。相对其他方法来说，其最大的优点在于此种方法的拒答率较低。但是此方法需要的时间长，调研成本高，且调研的质量容易受到气候、调研时间、被访者的情绪等其他因素的干扰。

此种方法适用于以下情况：调研范围较小而调研项目比较复杂的情况；想要得到顾客关于某个产品的构想或某个广告样本的想法时；需了解某类问题能否通过解释或宣传取得谅解时。

（2）堵截访问法。

其又称为街头访问法、商场拦截法。在人流比较集中的地点（比如街头、商场等地）将符合条件的访问对象拦住，征得同意后当面提问，或者邀请其到特定地点（需要事先安排好场地）进行访谈并记录答案。

有3种常见方式：其一，经过培训的调研员在事先选定的若干地区选取访问对象，征求其同意后在现场按问卷进行面访调研；其二，先租定地点，然后由经过培训的调研员在事先选定的若干地区选取访问对象，征求其同意后带到租定的房间内进行面谈访问；其三，在商场中针对某些顾客群在商场的适当位置进行拦截，将事先准备好的问题提交给拦截对象，征得其回答。

无论采用哪种具体的方式进行堵截访问，作为一种常用的调研方法，其基本的工作程序如图2-2所示。

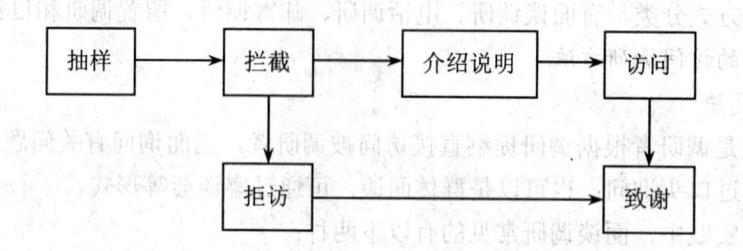

图2-2 堵截访问法的基本程序

这种调研方法节省费用，避免了入户困难，也便于对访问员的监控，调研的答案正确率高。但是不适合内容较长、较复杂或不能公开的问题的调研。同时，由于访问对象在调研地点出现带有偶然性，会影响调研的精确度。实际操作时还存在拒访率高的缺点。

> **特别提示：**
> 在使用此方法进行调研时，尤其需要注意以下两个问题：问卷内容不宜过长，问题简单明了且不能涉及有关个人隐私方面的问题；在访问过程中要控制其他人包括受访者的同伴对受访者的影响。

2. 电话调研法

电话调研法是由调研人员通过电话向被调研者询问了解有关问题的一种调研方法。电话调研的成本较低，易于操作，取得市场信息的速度较快，调研的覆盖面较广，可以访问到一些不易见到面的被调研者，如某些名人等。但是被调研者只限于有电话的地区和个人，电话提问受到时间的限制，只适合于一些时间较短的访问，且被调研者可能因不了解调研的详尽、确切的意图而无法回答或无法正确回答,对于某些专业性较强的问题无法获得所需的调研资料,在实施过程中,调研人员无法针对被调研者的性格特点控制其情绪。

> **特别提示:**
> 电话调研可能出现比较大的抽样偏差,因为不是每个人都有电话,即便有电话,出现无人接听、受访者因故挂断、空号、电话录音应答、传真机应答、接电话的人不符合受访者条件等情况也十分常见。

电话调研法一般有两种。第一种是传统电话访问,调研人员给样本中的被调研对象打电话,并向他们提出一系列问题,调研人员使用一份问卷并记录答案。第二种是计算机辅助电话访问,由计算机产生问卷并按照指令拨号,调研人员戴着耳机坐在计算机前,接通后读出屏幕上的题目,并在被访者回答时将答案输入计算机。

3. 邮寄调研法

邮寄调研法是将调研问卷邮寄给被调研者,由被调研者根据调研问卷的填写要求填写好后寄回的一种调研方法。邮寄调研法可扩大调研区域,调研成本较低,被调研者有充分的答卷时间,可让被调研者以匿名的方式回答一些个人隐私问题,无需对调研人员进行培训和管理。但是邮寄调研法的缺点也很突出,征询回收率较低,调研的时间进度无法控制,无法判断被调研者的性格特征和其回答的可靠程度,答卷可能是多人行为的结果,无法了解特定答案的样本特征,且要求被调研者应具有一定的文字理解能力和表达能力,对文化程度较低的人不适用。

4. 留置问卷调研法

留置问卷调研法是当面将调研表交给被调研者,说明调研意图和要求,由被调研者自行填写回答,再由调研者按约定日期收回的一种调研方法。

5. 日记调研法

日记调研法是指对固定样本连续调研的单位发放登记簿或账本,由被调研者逐日逐项记录,再由调研人员定期加以整理汇总的一种调研方法。

上述 5 种主要访问调研方法的比较如表 2-1 所示。

表 2-1 5 种访问调研方法的比较

	面谈法	电话法	邮寄法	留置法	日记法
调研范围	较窄	较窄	广	较广	较广
调研对象	可控可选	可控可选	一般	可控可选	可控可选
影响回答的因素	能了解控制和判断	无法了解控制和判断	难了解控制和判断	能了解控制和判断	能了解控制和判断
回收率	高	较高	较低	较高	较高
回答速度	可快可慢	最快	慢	较慢	慢
回答质量	较高	高	较低	较高	较高
平均费用	最高	低	较低	一般	一般

> **思考：**
> 假设某地要开一家新的超市，在其店址的选择过程中，应该采用哪种调研方法获取信息？

（三）访问技巧

访问技巧，是调查中确保研究目的的实现、获得真实有效资料的一个重要因素。常用技巧包括：

（1）访问前做好准备工作。

1) 准备好一切可用的记录工具，如录音机、照相机、纸笔等。

2) 对访问中可能会遇到的问题必须要有充分的心理准备。

3) 取得被访者的合作。

（2）精心设计访问过程，根据实际情况进行调控。

1) 开始访问。首先介绍自己的身份，在可能的情况下找有关被访者的领导或邻居或其他可信赖的人作引荐。要热情有礼貌，守时不失约，注意对方的身份，使用适当的称谓。然后详细地说明访问目的，并设法营造友好的气氛。在必要和时间允许的条件下，可先从被调研者关心的话题开始，逐渐缩小谈话范围，最后问及所要访谈的问题。

2) 进行正式访问。按照事先拟订的访问提纲逐个进行访问，把握住方向及主题，能避免的题外话尽量避免，防止偏离访问提纲。在访问过程中，对需要引导和追问的问题，调研人员要做必要的追问；如果涉及被调研者的隐私问题，应加强保密；调研人员应该始终保持公平、中立的立场；必须抓紧一切时间和机会，随时记录，如果事先向被访问者说明，则明正言顺，当面记录，用录音或照相，如果没有事先说明，则应事后抓紧时间追记；时刻注意被访人的情绪变化，使用的言语越简单越好，题目不能过多，时间不能太长。

3) 访问结束。访谈结束的技巧有：

第一，注意提问的方式。

例如"我想再问您最后一个问题，就是……"，"您还有什么要说的？"以此表示访谈将要结束。

第二，直接说明访谈结束。

例如"今天我们就谈这些。"

第三，结束中最重要的是表示感谢。

第四，就后续的联系作好交代。

（3）访问中出现以下几种情况，访问者必须进行追询。

1) 若被访问者对提问回答是明显的说谎，不愿说出真实表现的时候。

2) 被访问者对问题的回答模棱两可或含混不清的时候。

3) 被调查者的回答前后矛盾，不能自圆其说时。

4) 被访问者的回答过于笼统，不很具体时。

5) 被访问者对问题的回答不完整时。

访问者都必须加以追询，目的是使被调查者的回答符合实际。在追询中，访问者一定要掌握适当的时机和程度，切不可伤害对方的感情以至引起反感。

> **特别提示：**
> 在人际交往过程中，语言并非传递信息的唯一因素，访问者的表情、动作等非语言因素，也是重要的交流媒介，对访问过程也会产生一定的影响。访问者必须对此引起重视，通过正确应用这些非语言因素来控制访问过程。
>
> 访问过程中，访问者的表情是传达思想感情的一种重要方式，其表情必须显示出礼貌、诚恳、耐心。访问者在访问过程中必须表现得精神专注，不要表现出心不在焉的样子；还可以用表情对被访者给予鼓励、启发。访问者的表情还应随提问和回答有所变化，被访者谈到成功时，访问者应有随之高兴的表情；在谈到困难和不幸时，应有同情的表情；谈到不合理现象时，应有气愤的表情等。访问者既应以一定的表情来控制调查过程，又应避免一些不该有的表情，否则也会起反作用。特别是不要有轻蔑和鄙视的表情，那样会引起被调查者的反感。

二、观察调研法

观察调研法是调研员凭借自己的感官和各种记录工具，深入调研现场，在被调研者未察觉的情况下，直接观察和记录被调研者行为，以收集市场信息的一种方法。观察调研法简称观察法。

（一）观察调研法的特点

观察法不直接向被调研者提问，而是从旁观察被调研者的行动、反应和感受。其主要特点有以下几项：

1. 观察法是有目的、有计划地搜集市场资料的过程

所观察的内容是经过周密考虑的，不同于人们日常生活中的出门看看天气、到公园观赏风景等个人的兴趣行为，而是观察者根据某种需要，有目的、有计划地搜集市场资料、研究市场问题的过程。

2. 观察法要求对观察对象进行系统、全面的观察

在实地观察前，应根据调研目的对观察项目和观察方式设计出具体的方案，尽可能避免或减少观察误差，防止以偏概全，提高调研资料的可靠性。因此，观察法对观察人员有严格的要求。

3. 观察法要求综合运用多种观察工具

观察人员在充分利用自己的感觉器官的同时，还要尽量运用科学的观察工具。人的感觉器官特别是眼睛，在实地观察中能获取大量的信息。而照相机、摄像机、望远镜、显微镜、探测器等观察工具，不仅能提高人的观察能力，还能将观察结果记载下来，增加了资料的翔实性。

4. 观察法的观察结果是当时正在发生的、处于自然状态下的市场现象

市场现象的自然状态是各种因素综合影响的结果，没有人为制造的假象。在这样的条件下取得的观察结果，可以客观真实地反映实际情况。

（二）观察调研法的基本类型

观察法有直接观察和测量观察两种基本类型。

直接观察就是观察人员直接到商店、家庭、街道等处进行实地观察。一般是只看不问，不使被调研者感觉到在接受调研。这样的调研比较自然，容易得到真实情况。这种方法可观察顾客选购商品时的表现，有助于研究购买者行为。

测量观察就是运用电子仪器或机械工具进行记录和测量。例如，某广告公司想了解电视广告的效果，选择了一些家庭作调研样本，把一种特殊设计的"测录器"装在这些家庭的电视机上，自动记录所收看的节目。经过一定时间，就了解到哪些节目收看的人最多，在以后的工作中根据调研结果合理安排电视广告的播出时间，收到很好的效果。

> **思考：**
> 你是否听说过"神秘顾客"调研法？你知道什么是"神秘顾客"吗？是干什么的？属于哪种调研方法呢？

（三）观察技术

观察技术是指观察人员实施观察时所运用的一些技能手段，主要包括卡片、符号、速记、记忆和机械记录等。适当的观察技术对提高调研工作的质量有很大的帮助。

观察卡片是一种标准化的记录工具，其记录结果即形成观察的最终资料。制作卡片时，应先列出所有观察项目，经筛选后保留重要项目，再将项目根据可能出现的各种情况进行合理的编排。

符号和速记是为了提高记录工作的效率，用一套简便易写的线段、圈点等符号系统来代替文字，迅速地记录观察中遇到的各种情况。记忆则是采取事后追忆的方式进行记录的方法，通常用于调研时间紧迫或不宜现场记录的情况。机械记录是指在观察调研中运用录音、录像、照相、各种专用仪器等手段进行的记录。

（四）观察调研法的主要内容

1. 观察顾客的行为

了解顾客行为，可促使企业有针对性地采取恰当的促销方式。所以，调研者要经常观察或者摄录顾客在商场、销售大厅内的活动情况，

如顾客在购买商品之前，主要观察什么，是商品价格、商品质量还是商品款式等；顾客对商场的服务态度有何议论等。

2. 观察顾客流量

观察顾客流量对商场改善经营、提高服务质量有很大好处。

例如，观察一天内各个时间进出商店的顾客数量，可以合理地安排营业员工作的时间，更好地为顾客服务；又如，为新商店选择地址或研究市区商业网点的布局，也需要对客流量进行观察。

3. 观察产品使用现场

调研人员到产品用户使用地观察调研，了解产品质量、性能及用户反映等情况，实地了解使用产品的条件和技术要求，从中发现产品更新换代的前景和趋势。

4. 观察商店柜台及橱窗布置

为了提高服务质量，调研人员要观察商店内柜台布局是否合理，顾客选购、付款是否方便，柜台商品是否丰富，顾客到台率与成交率以及营业员的服务态度如何等。

（五）观察调研法的运用

观察调研法的运用是观察人员的主观活动过程。为使观察结果符合客观实际，要求观察人员必须遵循以下原则：

1. 客观性原则

客观性原则即观察者必须持客观的态度对市场现象进行记录，切不可按其主观倾向或个人好恶，歪曲事实或编造情况。

2. 全面性原则

全面性原则即必须从不同层次、不同角度进行全面观察，避免出现对市场片面或错误的认识。

3. 持久性原则

持久性原则市场现象极为复杂，且随着时间、地点、条件的变化而不断地变化。市场现象的规律性必须在较长时间的观察中才能被发现。

另外，还要注意遵守社会公德，不得侵害公民的各种权利，不得强迫被调研者做不愿做的事，不得违背其意愿观察被调研者的某些市场活动，并且还应为其保密。

特别提示：

采用观察法进行调研的一般程序：

（1）选择那些符合调研目的并便于观察的单位作为观察对象。

（2）根据观察对象的具体情况，确定最佳的观察时间和地点。

（3）正确和灵活地安排观察顺序。

（4）尽可能减少观察活动对被观察者的干扰。

（5）认真做好观察记录。

三、实验调研法

实验调研法是指市场调研者有目的、有意识地改变一个或几个影响因素，来观察市场现象在这些因素影响下的变动情况，以认识市场现象的本质特征和发展规律。实验调研既是一种实践过程，又是一种认识过程，并将实践与认识统一为调研研究过程。企业的经营活动中经常运用这种方法，如开展一些小规模的包装实验、价格实验、广告实验、新产品销售实验等，来测验这些措施在市场上的反映，以实现对市场总体的推断。

实验调研法按照实验的场所可分为实验室实验和现场实验。实验室实验是指在人造的环境中进行实验，研究人员可以进行严格的实验控制，比较容易操作，时间短，费用低。现场实验是指在实际的环境中进行实验，其实验结果一般具有较大的实用意义。

应用实验调研法的一般步骤是：根据市场调研的课题提出研究假设；进行实验设计，确定实验方法；选择实验对象；进行实验；分析整理实验资料并做实验检测；得出实验结论。实验调研只有按这种科学的步骤来开展，才能迅速取得满意的实验效果。

（一）实验设计

实验设计是调研者进行实验活动、控制实验环境和实验对象的规划方案。它是实验调研各步骤的中心环节，决定着研究假设能否被确认，也决定实验对象的选择和实验活动的开展，最终还影响实验结论。

根据是否设置对照组或对照组的多少，可以设计出多种实验方案。基本的、常用的实验方案有以下几种：

1. 单一实验组前后对比实验

选择若干实验对象作为实验组，将实验对象在实验活动前后的情况进行对比，得出实验结论。在市场调研中，经常采用这种简便的实验调研。

例如，某食品厂为了提高糖果的销售量，认为应改变原有的陈旧包装，并为此设计了新的包装图案。为了检验新包装的效果，以决定是否在未来推广新包装，厂家取 A、B、C、D、E 五种糖果作为实验对象，对这 5 种糖果在改变包装的前一个月和后一个月的销售量进行了检测，得到的实验结果见表 2-2。

表 2-2 单一实验组前后对比表　　　　　　　　　单位：千克

糖果品种	实验前销售量 Y_1	实验后销售量 Y_2	实验结果 Y_2-Y_1
A	300	340	40
B	280	300	20
C	380	410	30
D	440	490	50
E	340	380	40
合计	1740	1920	180

因此单一实验组前后对比实验，只有在实验者能有效排除非实验变量的影响，或者是非实验变量的影响可忽略不计的情况下，实验结果才能充分成立。

2. 实验组与对照组对比实验

选择若干实验对象为实验组，同时选择若干与实验对象相同或相似的调研对象为对照组，并使实验组与对照组处于相同的实验环境之中。

例如，某食品厂为了解面包的配方改变后消费者有什么反应，选择了 A、B、C 三个商店为实验组，再选择与之条件相似的 D、E、F 三个商店为对照组进行观察。观察一周后，将两组对调再观察一周，其检测结果见表 2-3。

从表 2-3 中可知，两周内原配方面包共销售了 120+130=250（百袋），新配方面包共销售了 150+140=290（百袋）。这说明改变配方后增加了 40（百袋）的销售量，对企业很有利。

表2-3　实验组与对照组对比表

	原配方销售量（百袋）		新配方销售量（百袋）	
	第一周	第二周	第一周	第二周
A		37	43	
B		44	51	
C		49	56	
D	35			41
E	40			47
F	45			52
合计	120	130	150	140

实验组与对照组对比实验，必须注意二者具有可比性，即二者的规模、类型、地理位置、管理水平、营销渠道等各种条件应大致相同。只有这样，实验结果才具有较高的准确性。但是，这种方法对实验组和对照组都是采取实验后检测，无法反映实验前后非实验变量对实验对象的影响。为弥补这一点，可将上述两种实验进行综合设计。

3. 实验组与对照组前后对比实验

这是对实验组和对照组都进行实验前后对比，再将实验组与对照组进行对比的一种双重对比的实验法。它吸收了前两种方法的优点，也弥补了前两种方法的不足。

例如，某公司在调整商品配方前进行实验调研，分别选择了3个企业组成实验组和对照组，对其月销售额进行实验前后对比，并综合检测出了实际效果（见表2-4）。

表2-4　双组前后对比表　　　　　　　　　　　　　　　　　　　单位：百元

实验单位	前检测	后检测	前后对比	实验效果
实验组	$Y_1=2000$	$Y_2=3000$	$Y_2-Y_1=1000$	$(Y_2-Y_1)-(X_2-X_1)$
对照组	$X_1=2000$	$X_2=2400$	$X_2-X_1=400$	$=1000-400$

表2-4中的检测结果，实验组的变动量1 000百元，包含实验变量即调整配方的影响，也包含其他非实验变量的影响；对照组的变动量400百元，不包含实验变量的影响，只有非实验变量的影响，因为对照组的商品配方未改变。

实验效果是从实验变量和非实验变量共同影响的销售额变动量中，减去由非实验变量影响的销售额变动量，反映调整配方这种实验变量对销售额的影响作用。由此可见，实验组与对照组前后对比实验，是一种更为先进的实验调研方法。

（二）实验调研法的应用

进行市场的实验调研，一是要有实验活动的主体，即实验者；二是要有实验调研所要了解的对象；三是要营造出实验对象所处的市场环境；四是要有改变市场环境的实践活动；五是要在实验过程中对实验对象进行检验和测定。

实验调研是一种探索性、开拓性的调研工作，实验者必须思想解放，有求实精神，敢于探索新途径，能灵活应用各种调研方法，才能取得成功。正确选择实验对象和实验环境，对实验调研的成败也有重要作用。如果所选的市场实验对象没有高度的代表性，其实验结论就没有推广的可能性。此外，由于实验活动要延续相当长的时间，还要有效地控制实验过程，让实验活动严格按实验设计方案来进行。

（三）实验调研法的优缺点

实验调研法通过实验活动提供市场发展变化的资料，不是等待某种市场现象发生了再去调研，而是积极主动地改变某种条件，来揭示或确立市场现象之间的相关关系。它不但可以说明是什么，而且可以说明为什么，还具有可重复性，因此其结论的说服力较强。实验调研法对检验宏观管理的方针政策与微观管理的措施办法的正确性来说，都是一种有效的方法。

实验调研法在进行市场实验时，由于不可控因素较多，很难选择到有充分代表性的实验对象和实验环境。因此实验结论往往带有一定的特殊性，实验结果的推广会受到一定的影响。实验调研法还有花费时间较多、费用较高、实验过程不易控制、实验情况不易保密、竞争对手可能会有意干扰现场实验的结果等缺点。这些缺点使实验调研法的应用有一些局限性，市场调研人员对此应给予充分的注意。

四、影响市场调研方法选择的因素

调研方法的选择与调研目标、调研对象、样本组建的特点和调研人员的素质等有直接关系，同时每一种方法在回答率、真实性及调研费用上都有各自不同的特点。在确定调研方法时一定要根据实际情况，采取既适合于调研问题和目标，又具有经济可行性的方法。

一般来说，在选择调研方法时需要考虑以下因素：

1. 调研成本

任何一项调研都受成本的约束，调研成本受到众多因素的影响，最明显的因素包括问卷设计、人工成本、样本分散程度、样本数量、礼品档次等。

2. 数据质量

数据质量和成本似乎成反相关，从调研的终极意义来看，数据质量的重要性要高于调研成本，因为数据缺乏质量，成本再低也失去了意义，因此强调必须首先在数据质量和调研成本之间取得平衡。影像数据质量的因素可能包括问卷设计、调研人员的专业素养、调研现场工作的督导等。

3. 调研时间

时间往往是市场调研的一个重要的影响因素，解决企业管理决策问题往往具有一定的应急性和时效性。因此，调研的时间跨度可能要求调研方法更灵活，取样更具有代表性，调研过程更具有可控性等。

4. 样本量及特征

在成本的约束下，大样本要求采用诸如电话和网络等调研的方法，较小的样本可采用人员调研的方式；样本特征越是分散，对调研方法的适应性要求就越高，否则就难以保证数据的质量。

第三节 网络调研法

【学习目标与要求】

- 知识点
1. 网络调研的含义和类型
2. 网络调研的特点和主要内容
3. 网络调研与传统调研方法相比较的优缺点
- 技能点
1. 掌握网络调研的方法
2. 掌握网络调研的设计技术

【讲授与训练内容】

一、网络调研的基本知识

网络调研是企业整体营销战略的一个组成部分，是建立在互联网基础上，借助于互联网的特性来实现一定营销目标和调研目的的一种手段。

1. 网络市场调研前瞻

网络市场调研是企业进行市场预测和决策的基础，是网络营销链上的极其重要的环节。没有市场营销，就把握不了市场。通过市场调研，可以了解和掌握消费者现实和潜在需要，就能有针对性地制定营销方案，减少决策中的盲目性，在竞争中发挥企业的优势，从而取得良好的业绩。因此，市场调研是每一个活跃在市场并取得成功的企业不可缺少的重要组成部分。

进入数字化信息时代，互联网为企业进行市场调研提供了强有力的工具。网络市场调研的出现，使传统市场调研发生了巨大的变革。因为互联网络本身就是一个巨大的信息资源库，能够为调研提供大量有力的资料。在市场调研技术手段方面，网络市场调研具有革命性突破，它能找到真正的消费者，而非笼统意义的潜在消费者和大众消费者。

2. 网络市场调研的含义

网络市场调研又称网上市场调研或联机市场调研，它指的是通过网络进行有系统、有计划、有组织地收集、调研、记录、整理、分析与产品、劳务有关的市场信息，客观地测定及评价现在市场及潜在市场，用以解决市场营销的有关问题，其调研结果可作为各项营销决策的依据。

3. 网络市场调研的优势

（1）网络调研的及时性、客观可靠性、共享性。

（2）网络调研的便捷性和经济性（低费用）。

（3）网络调研的互动性（交互性）、充分性。

（4）网络调研具有较高的效率。
（5）快速答复，可检验性，可控制性。
（6）潮流领先者的确定。
（7）瞬间到达，无时空、地域限制。
（8）定制调研。

4. 网络调研与传统市场调研的比较

网络调研作为一种新兴的调研方法，与传统调研方法相比，有很强的优越性，具体如表2-5和表2-6所示。

表2-5 网络调研与传统调研的比较

项目	网络调研	传统调研
调研费用	较低，主要是设计费和数据处理费。每份问卷所要支付的费用几乎是零	昂贵，要支付包括：问卷设计，印刷，发放，回收，聘请和培训访问员，录入调研结果，有专业市场研究公司对问卷进行统计分析等多方面费用
调研范围	全国乃至全世界，样本数量庞大	受成本限制，调研地区和样本均有限制
运作速度	很快，只需搭建平台，数据库可自动生成，几天就可能得出有意义的结论	慢，至少需要2~6个月才能得出结论
调研的时效性	全天候进行	不同的被访问者对其可进行访问的时候不同
被访问者的便利性	非常便利，被访问者可自行决定时间地点回答问卷	不方便，要跨越空间障碍，到达访问地点
调研结果的可信性	相对真实可信	一般有督导对问卷进行审核，措施严格，可信性高
实用性	适合长期的大样本调研；适合要迅速得出结论的情况	适合面对面地深度访谈；食品类等需要对访问者进行感观测试

特别提示：

网络调研具有以下不足之处：
（1）它只反映了网络用户的意见。
（2）E-mail 地址的缺乏。
（3）自由选择。
（4）上网匿名。
（5）多元化背景。
（6）在线注意时间较短。
（7）人际之间情感交流的缺乏。
（8）多重选择答案的可信度。

表 2-6 网络调研与其他调研方法的比较

项目	网上调研	个人谈话	电话调研	邮寄调研
成本	很小	很高	中	少
回复速度	快	立即	立即	慢
可接近性	很少	全部	较少	较多
到达范围	很大	很小	中	较大
达到准确度	低	不一定	中	很高
耗费时间	很少	长	中	长

思考：

网络调研相对于传统调研来说，具有很多的优势，是否意味着网络调研将在不久的将来完全取代传统调研？

二、网络调研的常用方法

互联网，又称信息高速公路，是自电话发明以来的又一伟大的信息沟通媒介，它几乎彻底改变了人们的沟通方式。作为以信息收集为主的市场调研，随着互联网的迅猛发展，也得到了空前的发展，利用互联网进行市场研究，自 20 世纪 90 年代以来越发热门。与其他调研方式相比，网上调研的费用低，速度快，可进行纵向调研，能够获得大量样本，还可以利用多媒体音像技术等，因此得到广大公司与被访者的接受和青睐。

1. E-mail 问卷调研法

（1）主动问卷法。

步骤：①建立被访者 E-mail 的地址信息库；②选定调研目标；③设计调研问卷；④调研结果分析。

例如，美国消费者调研公司（American Opinion）是美国的一家网上市场调研公司。通过互联网在世界范围内征集会员，只要回答一些关于个人职业、家庭成员组成及收入等方面的个人背景资料问题即可成为会员。该公司每月都会寄出一些市场调研表给符合调研要求的会员，询问诸如"你最喜欢的食物是哪些口味，你最需要哪些家用电器"等问题，在调研表的下面注着完成调研后被调研者可以获得的酬金，根据问卷的长短及难度的不同，酬金的范围在 4~25 美元，并且每月还会从会员中随机抽奖，至少奖励 50 美元。该公司会员注册十分积极，目前已有网上会员 50 多万人。

（2）被动问卷法。

被动问卷调研法一种是将问卷放置在 www 站点上，等待访问者访问时主动填写问卷的一种调研方法。与主动问卷调研法的主动出击寻找被调研者相比，被动问卷调研法更像是守株待兔，此方法无需建立被访者 E-mail 地址信息库，在进行数据分析之前也无法选定调研目标，但他所涉及的被调研者范围要比主动问卷调研法广阔得多，几乎每个网民都可以成为被调研者。被动问卷调研法通常应用于类似于人口普查似的调研，特别是对网站自身建设的调研。

例如，中国互联网络自身发展状况调研CNNIC（中国互联网络信息中心）每半年进行一次的"中国互联网络发展状况调研"采用的就是被动问卷调研法。在调研期间，为达到可以满足统计需要的问卷数量，CNNIC 一般与国内一些著名的 ISP（网络服务提供商）/ICP（网络媒体提供商）设置调研问卷的链接，如新浪、搜狐、网易等，进行适当的宣传以吸引大量的互联网浏览者进行问卷点击，感兴趣的人会自愿填写问卷并将问卷寄回。

2. 网上焦点座谈法

这是在同一时间随机选择 2~6 位被访问者，弹出邀请信，告知其可以进入一个特定的网络聊天室，相互讨论对某个事件、产品或服务等的看法和评价。

3. 使用 BBS 电子公告板进行网络市场调研

网络用户通过 Telnet 或 Web 方式在电子公告栏发布消息，BBS 上的信息量少，但针对性较强，适合行业性强的企业。

4. 委托市场调研机构调研

企业委托市场调研机构开展市场调研，主要针对企业及其产品的调研。调研内容通常包括：网络浏览者对企业的了解情况；网络浏览者对企业产品的款式、性能、质量、价格等的满意程度；网络浏览者对企业的售后服务的满意程度；网络浏览者对企业产品的意见和建议。

5. 合作方式的网络市场调研

企业和媒体合作进行，调研题目也各出一半。

表 2-7 所示为网络直接调研方法的比较。

表 2-7 网络直接调研方法的比较

调研方法	具体内容
利用自己的网站	网站本身就是宣传媒体，如果企业网站已经拥有固定的访问者，完全可以利用自己的网站开展网上调研
租用别人的网站	如果企业自己的网站还没有建好，可以利用别人的网站进行调研
混合型	如果企业网站已经建好但还没有固定的访问者，可以在自己网站调研，但同时与其他一些著名的 ISP/ICP 网站建立广告链接，以吸引访问者参与调研
E-mail 型	直接向潜在顾客发送问卷
讨论组型	在相应的讨论组中发布问卷信息，或者发布调研题目，这种方式与 E-mail 型一样，成本费用比较低廉而且是主动型

三、网络调研的一般步骤

网络市场调研与传统的市场调研一样，应遵循一定的步骤，以保证调研过程的质量。网络市场调研一般包括以下几个步骤：

1. 确立调研目标

虽然网络市场调研的每一步都是重要的，但是调研问题的界定和调研目标的确定却是最重要的一步。只有清楚地定义了网络市场调研的问题，确立了调研目标，方可正确地设计和实施调研。

Internet 是一个永无休止的信息流，当你开始搜索时，可能无法精确地找到所需的重要数据，不过你肯定会沿路发现一些其他有价值，抑或价值不大但很有趣的信息。这似乎验证了 Internet 网上的信息搜索定律：在 Internet 上总能找到不需要的东西。其结果是，你可能花费了大量的时间却没有找到想要的信息。因此，在开始网上搜索时，头脑里要有一个清晰的目标并留心去寻找，有的放矢，搜寻效率才会较高。

2. 设计调研方案

当调研问题和目标明确后，便是设计调研方案。具体内容包括确定资料来源、调查方法、调查手段、抽样方案和接触方式等。

（1）确定资料来源。

确定收集的是一手资料（原始资料）还是二手资料。一手资料是调研人员通过实地调查，直接向调研对象收集的资料。在互联网上，可以直接向被调研者发放问卷，或在网上跟踪顾客，或召开网上小组座谈会，以及利用 BBS 等收集一手资料。二手资料是经过他人收集、记录、整理所积累的各种数据和资料的总称。在互联网上可以利用搜索引擎来收集二手资料。

（2）确定调研方法。

网络调研的方法主要有 E-mail 问卷调查法、专题讨论法、网上实验法、网上观察法、网上文献法等。

（3）确定调研手段。

网络市场调研主要用的手段有：在线问卷，其特点是制作简单、分发迅速、回收方便；交互式计算机辅助电话访谈系统（CATI）是中心控制电话访谈的"计算机化"形式，在美国十分流行，它是利用一种软件程序在计算机辅助电话访谈系统上设计问卷结构并在网上传输，服务器直接与数据库连接，对收集到的被访者答案直接进行存储；网络调研软件系统，是专门为网络调研设计的问卷链接及传输软件，它包括整体问卷设计、网络服务器、数据库和数据传输程序。

（4）抽样方案。

抽样方案的主要内容包括确定抽样单位、确定样本规模大小及抽样程序。抽样单位是指在抽样过程中的某一阶段可供选择的个体，或者包含这个个体的单位。样本规模的大小，即样本量，会涉及调研结果的可靠性。抽样程序是指按照抽样方案进行抽样的过程，抽样程序中要用到抽样技术，抽样技术有概率抽样和非概率抽样两种。概率抽样主要有简单随机抽样、系统抽样、分层抽样和整群抽样；非概率抽样有便利抽样、判断抽样、配额抽样和滚雪球抽样。

3. 收集信息

当确定了调研方案后，就进入收集信息阶段。与传统的调研方法相比，网络调研收集和录入信息更方便、快捷。收集信息时直接在网上递交或下载即可。在问卷回答中访问者经常会有意无意地漏掉一些信息，这可通过在页面中嵌入脚本或 CGI 程序进行实时监控。如果访问者遗漏了问卷上的一些内容，其程序会提示并拒绝递交调查表，或者验证后重发给访问者要求补填。最终，访问者会收到一份完整的问卷。在线问卷的缺点是无法保证问卷上所填信息的真实性。

4. 整理和分析信息

收集得来的信息本身并没有太大意义，只有进行整理和分析后信息才变得有用。整理和分析信息这一步非常关键，就需要使用一些数据分析技术，如交叉列表分析技术、概括技术、综合指标分析和动态分析等。目前国际上较为通用的分析软件有SPSS、SAS、BMDP、Minitab和电子表格软件（Excel）。

在传统的市场调研中，数据整理包括数据的编辑、编码、录入和核实。由于网络调研的特点，这些工作很多可以省却，因为网上调研本身就是在网上直接进行，所以对网络市场调研来说，这一阶段更突出分析信息的重要性。此外，网上信息的一大特征是即时呈现，而且很多竞争者还可能从一些知名的商业网站上看到同样的信息，因此也赋予分析信息一个相当重要的地位，它可以使你在变化中把握到一些商机。

5. 撰写调研报告

撰写调研报告是整个调研活动的最后一个重要的阶段。报告不能是数据和资料的简单堆砌，调研人员不能把大量的数字和复杂的统计技术扔到管理人员面前，否则就失去了调研的价值。正确的做法是把与市场营销决策有关的主要调查结果报告出来，并遵循所有有关组织结构、格式和文笔流畅的写作原则。

四、网络调研应注意的事项

1. 认真设计在线调研问卷

在设计在线进行调研的问卷时，应强调调研是专门针对某个人的；需要设计表格时，用冷色调来保护被调研者的眼睛；在问卷中灵活使用图表、色彩及语气，使调研气氛活跃；问卷力求简短，尽量将调研的时间控制得比较短，多张短页的效果强于单张长页的效果。

2. 公布保护个人信息声明

网络调研需要强调对个人信息的保护，尤其是在调研中必须要知道被调研者姓名、年龄、职业、联系方式、身份证明等个人资料时，应郑重地发布声明，尊重被调研者的个人隐私。此外，还需注意避免进行强制性设置，由被调研者自主决定是否接受调研，强调被调研者是自愿参加调研的。

3. 尽可能地吸引网民参与调研，特别是被动问卷调研

在进行网络调研时，为了吸引网民的注意力，增强网民参与调研的积极性，可以采取以下措施：适当地提供物质奖励和非物质奖励，或者寻找大家感兴趣的话题，或者使用合适的电子邮件开头（开头应包含调研者及调研目的、奖励及调研指导）等。

> **特别提示：**
> 在开展网络调研时，更应注意的是：
> （1）识别和了解访问者。营销人员必须采取适当的策略来识别和了解访问者，最简单的办法就是问卷形式。

（2）在企业网站上进行市场调研：
1）通过监控在线服务保证决策的正确性。
2）测试产品的不同价格、名称和广告封页。
3）请求访问者反馈信息以更多地了解顾客的意见。
（3）发送适当的信息给目标对象促使他们对企业感兴趣。
（4）发送电子调研表单给目标对象。
（5）使用电子邮件直接调研目标市场。
（6）在报纸上和电视上发布调研问卷，通过电子邮件来搜索答案。

【思考与讨论】

1. 文案调研法的特点是什么？
2. 文案调研法的主要功能是什么？
3. 简述文案调研法的工作步骤。
4. 什么是观察调研法？有何优缺点？有几种观察手段？
5. 什么是实验调研法？有何优缺点？
6. 询问调研法有几种形式？面谈询问法有何优缺点？
7. 试述几种实地调研法优缺点的比较。
8. 网络调研有哪些具体方法？
9. 网络调研问卷如何设计？
10. 网络调研方法与传统的调研方法相比较有哪些优缺点？

【案例分析】

雅马哈数字钢琴的神秘购物

位于加利福尼亚的乐器制造商美国的雅马哈集团于1985年生产出一种创新型钢琴，加重的琴键和体验型的数码音质可以与真正钢琴感受和音质相匹敌。

作为新型钢琴市场的领导者，雅马哈把Clavinova系列产品视为在更大的二手钢琴市场上获得一席之地的途径，同时又不与自己新钢琴的顾客竞争。数码钢琴合理的价格使那些因负担不起新钢琴而想购买二手钢琴的消费者认为是一种较好的选择。

"新钢琴的市场需求量大约为每年100 000台，"吉姆林奇——雅马哈键盘部助理经理说，"二手钢琴的市场需求量大约为每年5 000 000台，并非所有的都是卖出去的，有一些是在家庭成员中流动，但很多零售店都接待了一些对二手钢琴感兴趣的顾客，我们认为如果能让那些顾客见识一下Clavinova，我们可以卖出很多产品，这就是推出神秘购物者计划的缘由。

雅马哈神秘购买者计划的要点很简单，购买者前往一乐器店，要求看一下比较好的二手钢琴，售货员可以任意地向他们介绍二手钢琴。很明显，这是他们寻找的目的。但如果售货员向消费者介绍的第一架新钢琴就是Clavinova，他们就会立即得到一张100美元的支票，并被告知他们"赢"了。

如果售货员没有向购买者展示Clavinova，按要求神秘购物者应立即停止活动，不至于使自己暴露神秘购物者的身份。"如果售货员没有赢，购买者不会说什么，他们已经占用了售货员的时间，我们并不希望他们花时间在假设的购买上而产生负面影响。"林奇说。对于那些没有赢得这一机会，这一明确的做法是有效地管理在神秘购物中表现欠佳店员的关键。休斯说："对于制造商来说，与商店管理层和店员谈话也就是对他们说，遵照我们提供的行动惯例，使用我们提供的工具，你们就会改善我们商品的销售情况。如果你们遵循这些的话，你们很可能会看到销售量的增加。"这不是让别人做错事，而是指导他们正确的方法并不断改进它。

（资料来源：http://2009jpkc.qtc.edu.cn/templates/4/article_show5.aspx）

案例思考

雅马哈的计划是真正的神秘购物吗？为什么？

【实践与训练】

利用课余时间对开发区的某一品牌专卖店在顾客心目中的地位进行调研。通过初步调研，弄清楚所调研的品牌专卖店在接受调研的顾客心目中有何地位？明确调研时间、地点、过程，弄清楚调研的方法及优缺点。

第三章　设计市场调研方案

【教学目的与要求】

了解市场调研设计的含义和意义，熟悉市场调研策划的主要工作内容和工作过程，熟悉市场调研总体方案设计主要内容和基本工作流程，能够根据实际调研的需要对特定企业的特定调研活动进行方案设计。

【导读案例】

某市溜洋狗市场调研计划

一、前言

快速餐桌食品市场是近几年新兴起来的消费品市场之一，而牛肉食品从休闲食品向餐桌食品发展更是新兴之中的新兴者。据宏观预测，该市场成长曲线呈上升之势。

为配合某市"溜洋狗"连锁经营进军某市市场，评估溜洋狗行销环境，制定相应的广告策略及营销策略，预先进行某市地区快速餐桌食品市场调查大有必要。

本次市场调查将围绕策划金三角的3个立足点——消费者、市场、竞争者来进行。

二、调查目的

（1）为溜洋狗连锁经营进入某市市场进行广告运动策划提供客观依据。

（2）为溜洋狗连锁经营的销售提供客观依据。

具体如下：

1）了解某市地区快速餐桌食品市场状况。

2）了解某市地区消费者的人口、家庭等统计资料，测算市场容量及潜力。

3）了解某市地区消费者对快速餐桌食品消费的观点、习惯、偏好等。

4）了解某市地区常购快速餐桌食品的消费者情况。

5）了解竞争对手广告策略、销售策略。

三、市场调查内容

（一）消费者

（1）消费者统计资料（年龄、性别、收入、文化程度、家庭构成等）。

（2）消费者对快速餐桌食品的消费形态（食用方式、花费、习惯、看法等）。

（3）消费者对快速餐桌食品的购买形态（购买过什么、购买地点、选购标准等）。

（4）消费者理想的快速餐桌食品店描述。

（5）消费者对快速食品类产品广告、促销的反映。

（二）市场

（1）某市地区快速餐桌食品店数量、品牌、销售状况。

（2）某市地区消费者需求及购买力状况。

（3）某市地区市场潜力测评。

（4）某市地区快速餐桌食品销售通路状况。

（三）竞争者

（1）某市市场上现有的几类快速餐桌食品店，食品店的品牌、定位、档次等。

（2）市场上现有快速餐桌食品的销售状况。

（3）各品牌、各类型快速餐桌食品的主要购买者描述。

（4）竞争对手的广告策略及销售策略。

四、调查对象及抽样

因为牛肉食品从休闲转为餐桌的新兴食品，目前某市市场上大多以某某鸡、兔、鸭、排骨等为主产品作品牌；所以，在确定调查对象时，适当针对目标消费者，点面结合，有所侧重。

调查对象组成及抽样如下：

消费者：300户，其中家庭月收入3000元以上者占50%；3000元以下者占30%；其他占20%。

竞争对手：20家，其中

    大型商场：　　　　6家

    连锁经营店：　　　4家

    小区单店：　　　　4家

    菜市小店：　　　　6家

消费者样本要求：

（1）家庭成员中没有人在快速餐桌食品店或相关岗位工作。

（2）家庭成员中没有人在市场调查公司工作。

（3）家庭成员中没有人在广告公司工作。

（4）家庭成员中没有人在最近半年中接受过类似产品的市场调查测试。

五、市场调查方法

以访谈为主：户访、售点访问。

访员要求：

（1）仪表端正、大方。

（2）举止谈吐得体，态度亲切、热情，具有把握谈话气氛的能力。

（3）经过专门的市场调查培训，专业素质较好。

（4）具有市场调查访谈经验。

（5）具有认真负责、积极的工作精神及职业热情。

六、市场调查程序及安排

第一阶段：初步市场调查　　2天

第二阶段：计划阶段

制定计划　　　　2天
审定计划　　　　2天
确认修正计划　　1天

第三阶段：问卷阶段

问卷设计　　　　2天
问卷调整、确认　2天
问卷印制　　　　3天

第四阶段：实施阶段

访员培训　　　　2天
实施执行　　　　10天

第五阶段：研究分析

数据输入处理　　2天
数据研究、分析　2天

第六阶段：报告阶段

报告书写　　　　2天
报告打印　　　　2天

调查实施自计划、问卷确认后第四天执行。

七、经费预算（略）

八、附调查问卷和相关表格

注：其他调查表格暂略

（资料来源：http://www.jingpinke.com/xpe/portal，部分改编）

第一节 市场调研的基本程序

【学习目标与要求】

● 知识点
1. 市场调研的基本程序
2. 市场调研各阶段的主要工作
● 技能点
1. 熟悉市场调研的基本工作流程
2. 培养对市场调研活动进行系统、全面思考的能力

【讲授与训练内容】

一、市场调研的基本程序

市场调研是一项十分复杂的工作，要想顺利完成市场调研任务，必须依据科学的程序，

有计划、有组织、有步骤地进行。然而，市场调研没有一个固定的程序可循，一般来说，根据市场调研活动中各项工作的自然顺序和逻辑关系，市场调研的基本程序如图 3-1 所示，可分为 3 个阶段，每个阶段又包括若干个步骤。

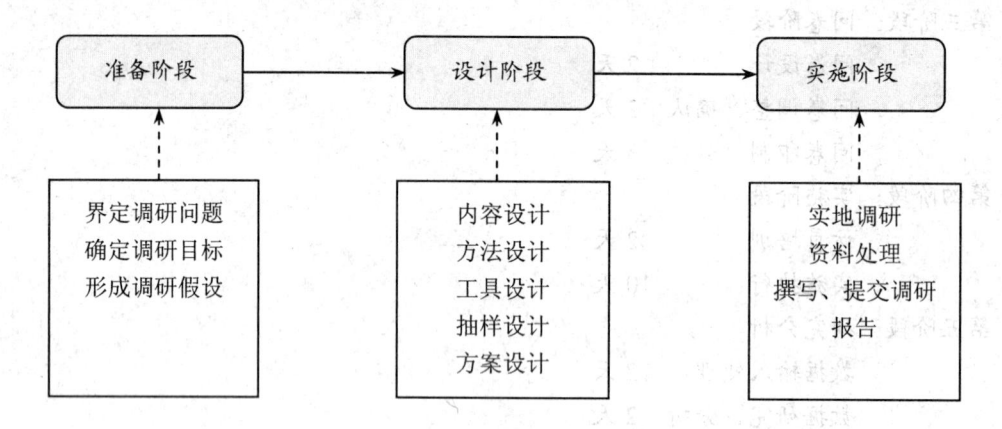

```
准备阶段  →  设计阶段  →  实施阶段
   ↑            ↑            ↑
界定调研问题   内容设计     实地调研
确定调研目标   方法设计     资料处理
形成调研假设   工具设计     撰写、提交调研
              抽样设计        报告
              方案设计
```

图 3-1　市场调研的基本程序

二、市场调研各阶段的主要工作

（一）准备阶段

市场调研通常是由营销活动中一些特定问题而引起的。但是，这些问题本身并不一定构成市场调研的主题，还要对这些问题进行分析和研究。市场调研准备阶段的主要任务就是界定调研主题、确定调研目标、形成调研假设，并确定需要获得的信息内容。

1. 界定调研问题

进行市场调研是为制定市场营销战略提供依据或是为了解决在营销过程中存在的某些实际问题。所以，市场调研的首要工作就是要根据企业的战略方针和意图，企业在市场营销中所要解决的问题，明确地界定调研的问题，确定调研的目的。

2. 确定调研目标

市场调研通常是由某些具体问题引起的。但在有些情况下，调研的目的很模糊。例如，某企业近来销售形势不好，销售量大幅度下降。此时的调研目的很可能是"发现引起企业销售下降的原因"。但如果企业知道销售量下降的原因是由于竞争对手产品的大幅度降价造成的，在此情况下，调研的目的就不是寻找原因，而是"寻求解决这一问题的策略"了。调研目的的确定以后，调研人员还需把调研目的分解为具体的调研目标。调研目标通常以调研问题的形式出现，表明了营销管理者所需要的信息内容。例如，调研目的是寻求策略以解决竞争对手产品降价造成本企业产品销售滑坡，可能的调研目标为：①获得顾客对本企业产品的态度和改进的意见；②找出本企业产品与竞争对手的不同特点；③测定顾客愿意接受的产品价格范围。

3. 形成调研假设

调研问题确定之后，调研人员将根据调研的目的选择一组调研目标，还要针对实际可能发生的情况形成适当的调研假设。形成假设的作用是使调研目的更加明确，假设的接受和拒绝都会达到调研的目的。例如，假设之一"顾客的购买行为受价格的影响很大"，假设之二"产品的目标市场应为农村青年"等。

（二）设计阶段

调研设计是保证调研工作顺利进行的指导纲领，其主要内容有确定资料的来源、搜集的方法，设计调研问卷、抽样设计等。

1. 内容设计

内容设计就是根据调研的目的、调研的范围及信息资料的来源。

调研的范围是根据调研的目标，确定所需信息资料的内容和数量。例如，是调研企业营销的宏观经济环境还是调研企业的市场营销手段；是一般性调研还是深度调研等。信息资料的来源，是指获取信息资料的途径。市场调研所需的信息资料，可以从企业内部和企业外部两方面得到。如果企业已经建立了市场营销信息系统，则可以通过数据库得到信息资料。除此之外，还要确定搜集信息资料的地区范围。如调研的课题涉及全国范围（如全国电风扇市场调研），就要在全国范围内搜集资料，如调研的课题涉及某一地区范围（如东北市场的润滑油需求调研），就要到黑龙江、吉林和辽宁去搜集资料。

2. 方法设计

市场调研的方法主要有3大类：询问法、观察法和实验法，每类方法适用面不同。究竟采用何种调研方法，要依据调研的目的、性质及调研经费的多少而定。

3. 工具设计

在确定了调研方法之后，就要进行工具设计。所谓的工具设计，是指采用不同的调研方法，需要准备不同的调研工具。如采用询问法进行调研时，需要使用调研问卷。调研问卷设计中关键的问题是提什么问题、提问的方式等。又如，采用观察法中的行为记录法进行调研时，需要考虑使用何种观察工具（照相机、监视器等）。

4. 抽样设计

抽样设计就是根据调研的目的确定抽样单位、样本数量及抽样方法。抽样单位即向什么人调研的问题。样本数量即对多少人调研。在其他条件相同的情况下，样本越大越有代表性，样本数量的多少影响结果的精度，但样本数量过大也会造成经济上的浪费。

5. 方案设计

调研方案或计划是保证市场调研工作顺利进行的指导性文件，它是调研活动各个阶段主要工作的概述。调研计划虽无固定格式，但基本内容应包括课题背景、调研目的、调研方法、经费预算及时间进度安排。

（三）实施阶段

实施阶段就是把调研计划付诸实施。此阶段包括实地调研、资料处理和提交调研报告。

1. 实地调研

实地调研也称现场调研，是调研人员根据调研计划规定的途径与方式，实地获取各种信息资料的过程。在实地调研中，企业常常要聘请一些企业之外的调研员，因此需要做好调研人员的选择、调研人员培训及调研人员管理等工作。

（1）调研人员的选择。参与市场营销实地调研人员素质的高低，将会直接影响到此次调研的结果，因此，调研人员的选择就显得十分重要。应选取一些责任心强，思想水平较高，口齿伶俐，有一定调研经验的人。

（2）调研人员的培训。当调研人员的选择工作完成之后，就要对他们进行培训。特别是一些临时性的调研人员，因为他们缺乏必要的知识和实际经验。

（3）调研人员的管理。对于调研人员的管理工作要贯穿于整个调研的始终，以保证获得信息资料的真实性。要对调研人员搜集的资料进行查看，验证是否符合要求，若发现问题，及时纠正。要对被调研对象进行复查，以防止有的调研人员不讲职业道德，自行乱填调研问卷，使调研结果失真。

2. 资料处理

对搜集的信息资料和回收的调研问卷要进行处理，未经过处理的原始资料是杂乱无章的。为了更好地发挥信息资料的作用，必须根据调研的目的和要求，对得到的资料进行系统的整理和分析。

（1）整理。对所得资料进行筛选，剔除无效问卷（包括不实、含糊的问卷，缺项过多的问卷，回答前后矛盾的问卷等）。

（2）分类。对所得资料，依据调研目的，按一定的标准归类，统一编码。

（3）列表。依据所得资料，编制成各种图表，可供进一步分析之用。对资料的统计、计算、分析等，在计算机上进行比人工实现要快捷、准确得多。

3. 撰写、提交调研报告

撰写和提交调研报告是市场调研的最后一步工作，主要内容是回顾和总结调研过程，并明确指出调研结论和行动建议，分析调研的局限性。调研报告是以一定类型的载体、载荷反映市场状况的有关信息，并包括某些调研与预测结论和建议的形式。调研报告的撰写应该按照一定的格式进行，并注意撰写和演示的技巧，这些内容将在第七章中做详细介绍。

第二节　设计市场调研方案

【学习目标与要求】

● 知识点
1. 设计市场调研总体方案的意义
2. 总体方案设计的基本内容和方法
● 技能点
1. 掌握设计市场调研总体方案的能力
2. 培养对调研方案进行可行性分析研究的能力

【讲授与训练内容】

一、设计市场调研方案的含义与意义

（一）含义

设计市场调研方案，就是根据调研研究的目的和调研对象的性质，在进行实际调研之前，对调研工作总任务的各个方面和各个阶段进行的通盘考虑和安排，提出相应的调研实施方案，制定出合理的工作程序。

市场调研的范围可大可小，但无论是大范围的调研，还是小规模的调研工作，都会涉及相互联系的各个方面和各个阶段。这里所讲的调研工作的各个方面是对调研工作的横向设计，就是要考虑到调研所要涉及的各个组成项目。

例如，对某市商业企业竞争能力进行调研，就应将该市所有商业企业的经营品种、质量、价格、服务、信誉等方面作为一个整体，对各种相互区别又有密切联系的调研项目进行整体考虑，避免调研内容上出现重复和遗漏。

这里所说的全部过程，则是对调研工作纵向方面的设计，它是指调研工作所需经历的各个阶段和环节，即调研资料的搜集、调研资料的整理和分析等。只有对此事先做出统一考虑和安排，才能保证调研工作有秩序、有步骤地顺利进行，减少调研误差，提高调研质量。

（二）意义

市场调研是一项复杂的、严肃的、技术性较强的工作，一项覆盖全国的大型市场调研往往要组织成千上万人参加，为了在调研过程中统一认识、统一内容、统一方法、统一步调，圆满完成调研任务，就必须事先制定出一个科学、严密、可行的工作计划和组织措施，以使所有参加调研工作的人员都依此执行。具体来讲，市场调研方案设计的意义有以下3点：

1. 从认识上讲，设计市场调研方案是从定性认识过渡到定量认识的开始阶段

虽然市场调研所搜集的许多资料都是定量资料，但应该看到，任何调研工作都是先从对调研对象的定性认识开始的，没有定性认识就不知道应该调研什么和怎样调研，也不知道要解决什么问题和如何解决问题。

例如，要研究某一工业企业生产经营状况，就必须先对该企业生产经营活动过程的性质、特点等有详细的了解，设计出相应的调研指标以及搜集、整理调研资料的方法，然后再去实施市场调研。可见，调研设计正是定性认识和定量认识的连接点。

2. 从工作上讲，设计调研方案起着统筹兼顾、统一协调的作用

现代市场调研可以说是一项复杂的系统工程，对于大规模的市场调研来讲，尤为如此。在调研中会遇到很多复杂的矛盾和问题，其中许多问题是属于调研本身的问题，也有不少问题则并非是调研的技术性问题，而是与调研相关的问题。

例如，抽样调研中样本量的确定，按照抽样调研理论，可以根据允许误差和把握程度大小，计算出相应的必要抽样数目，但这个抽样数目是否可行，要受到调研经费、调研时间等多方面条件的限制。

3. 从实践要求上讲，设计调研方案能够适应现代市场调研发展的需要

现代市场调研已由单纯的搜集资料活动发展到把调研对象作为整体来反映的调研活动，与此相适应，市场调研过程也应被视为是市场调研设计、资料搜集、资料整理和资料分析的一个完整工作过程，调研设计正是这个全过程的第一步。

二、设计市场调研总体方案

设计市场调研的总体方案是对调研工作各个方面和全部过程的通盘考虑，包括整个调研工作过程的全部内容。调研总体方案是否科学、可行，是整个调研成败的关键。如图 3-2 所示，设计市场调研总体方案需要完成以下工作。

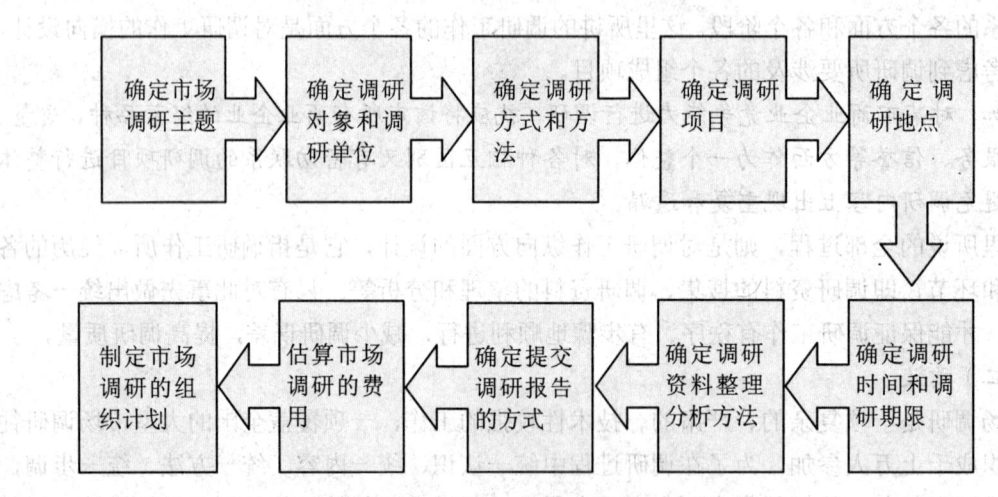

图 3-2 市场调研总体方案的设计过程

（一）确定市场调研主题

其目的就是找出企业本身市场活动中存在的问题，从而研究和探讨解决问题的途径和方法。明确调研目的是调研设计的首要问题，只有确定了调研目的，才能确定调研的范围、内容和方法，否则就会列入一些无关紧要的调研项目，而漏掉一些重要的调研项目，无法满足调研的要求。

例如，2010 年我国第六次人口普查的目的就规定得十分明确，即"此次普查的主要目的是查清 10 年来我国人口在数量、结构、分布和居住环境等方面的变化情况，为实施可持续发展战略，构建社会主义和谐社会，提供科学、准确的统计信息支持。"

由此可见，确定调研目的就是明确在调研中要解决哪些问题，通过调研要取得什么样的资料，取得这些资料有什么用途等问题。衡量一个调研设计是否科学的标准，主要就是看方案的设计是否体现调研目的的要求，是否符合客观实际。

> **特别提示：**
> 一般来说，对调研主题的确定必须明确以下几个问题：
> （1）为什么要调研？

> （2）在调研中想了解些什么？
> （3）调研结果有什么样的用处？
> （4）谁想知道调研的结果？

（二）确定调研对象和调研单位

明确了调研目的之后，就要确定调研对象和调研单位，这主要是为了解决向谁调研和由谁来具体提供资料的问题。调研对象就是根据调研目的、任务确定调研的范围及所要调研的总体，它是由某些性质上相同的许多调研单位所组成的。调研单位就是所要调研的社会经济现象总体中的个体，即调研对象中的各个具体单位，它是调研中要调研登记的各个调研项目的承担者。

例如，为了研究某市各广告公司的经营情况及存在的问题，需要对全市广告公司进行全面调研，那么，该市所有广告公司就是调研对象，每一个广告公司就是调研单位。又如，在某市职工家庭基本情况一次性调研中，该市全部职工家庭就是这一调研的对象，每一户职工家庭就是调研单位。

在确定调研对象和调研单位时，应该注意以下4个问题：

（1）由于市场现象具有复杂多变的特点，因此，在许多情况下，调研对象也是比较复杂的，必须用科学的理论为指导，严格规定调研对象的含义，并指出它与其他有关现象的界限，以免造成调研登记时由于界限不清而发生的差错。

例如，以城市职工为调研对象，就应明确职工的含义，划清城市职工与非城市职工、职工与居民等概念的界限。

（2）调研单位的确定取决于调研目的和对象，调研目的和对象变化了，调研单位也要随之改变。

例如，要调研城市职工本人基本情况时，这时的调研单位就不再是每一户城市职工家庭，而是每一个城市职工了。

（3）调研单位与填报单位是有区别的，调研单位是调研项目的承担者，而填报单位是调研中填报调研资料的单位。

例如，对某地区工业企业设备进行普查，调研单位为该地区工业企业的每台设备，而填报单位是该地区每个工业企业。但在有的情况下，两者又是一致的。例如，在进行职工基本情况调研时，调研单位和填报单位都是每一个职工。在调研方案设计中，当两者不一致时，应当明确从何处取得资料并防止调研单位重复和遗漏。

（4）不同的调研方式会产生不同的调研单位。如果采取普查方式，调研总体内所包括的全部单位都是调研单位；如果采取重点调研方式，只有选定的少数重点单位是调研单位；如果采取典型调研方式，只有选出的有代表性的单位是调研单位；如果采取抽样调研方式，则用各种抽样方法抽出的样本单位是调研单位。

（三）确定调研方式和方法

在调研方案中，还要规定采用什么组织方式和方法取得调研资料。搜集调研资料的方式有普查、重点调研、典型调研、抽样调研等。具体调研方法有文案法、访问法、观察法和实验法等。在调研时，采用何种方式、方法不是固定和统一的，而是取决于调研对象和调研任务。在市场经济条件下，为准确、及时、全面地取得市场信息，尤其应注意多种调研方式的结合运用。

> **特别提示：**
> 在选择调研方法时必须考虑以下问题：
> （1）用什么方法才能获取尽可能多的情况和资料？
> （2）用什么方法才能如实地获得所需要的情况？
> （3）用什么方法才能以最低调研费用获得最好的调研效果？

（四）确定调研项目

调研项目是指对调研单位所要调研的主要内容，确定调研项目就是要明确向被调研者了解些什么问题，调研项目一般就是调研单位的各个标志的名称。

例如，在消费者调研中，消费者的性别、民族、文化程度、年龄、收入等，其标志可分为品质标志和数量标志，品质标志是说明事物质的特征，不能用数量表示，只能用文字表示，如上例中的性别、民族和文化程度；数量标志表明事物的数量特征，它可以用数量来表示，如上例中的年龄和收入。标志的具体表现是指在标志名称之后所表明的属性或数值，如上例中消费者的年龄为30岁或50岁，性别是男性或女性等。

在确定调研项目时，除要考虑调研目的和调研对象的特点外，还要注意以下几个问题：

（1）确定的调研项目应当既是调研任务所需，又是能够取得答案的。凡是调研目的需要又可以取得的调研项目要充分满足，否则不应列入。

（2）项目的表达必须明确，要使答案具有确定的表示形式，如数字式、是否式或文字式等；否则，会使被调研者产生不同理解而做出不同的答案，造成汇总时的困难。

（3）确定调研项目应尽可能做到项目之间相互关联，使取得的资料相互对照，以便了解现象发生变化的原因、条件和后果，便于检查答案的准确性。

（4）调研项目的含义要明确、肯定，必要时可附以调研项目解释。

（五）确定调研地点

在调研方案中，还要明确规定调研地点。调研地点与调研单位通常是一致的，但也有不一致的情况，当不一致时，尤有必要规定调研地点。

例如，人口普查，规定调研登记常住人口，即人口的常住地点。若登记时不在常住地点，或不在本地常住的流动人口，均须明确规定处理办法，以免调研资料出现遗漏和重复。

（六）确定调研时间和调研期限

调研时间是指调研资料所属的时间。如果所要调研的是时期现象，就要明确规定资料所反映的是调研对象从何时起到何时止的资料。如果所要调研的是时点现象，就要明确规定统一的标准调研时点。

调研期限是规定调研工作的开始时间和结束时间。包括从调研方案设计到提交调研报告的整个工作时间，也包括各个阶段的起始时间，其目的是使调研工作能及时开展、按时完成。为了提高信息资料的时效性，在可能的情况下，调研期限应适当缩短。

（七）确定调研资料整理和分析方法

采用实地调研方法搜集的原始资料大多是零散的、不系统的，只能反映事物的表象，无法深入研究事物的本质和规律性，这就要求对大量原始资料进行加工汇总，使之系统化、条理化。目前这种资料处理工作一般已由计算机进行，这在设计中也应予以考虑，包括采用何种操作程序以保证必要的运算速度、计算精度及特殊目的。

随着经济理论的发展和计算机的运用，越来越多的现代统计分析手段可供在分析时选择，如回归分析、相关分析、聚类分析等。每种分析技术都有其自身的特点和适用性，因此，应根据调研的要求，选择最佳的分析方法并在方案中加以规定。

（八）确定提交报告的方式

其主要包括市场调研报告的形式和份数，调研报告的基本内容，报告中图表量的大小等。

（九）估算市场调研的费用

调研费用因调研种类的不同而异，合理的费用开支是保证调研活动顺利进行的重要条件，因此在开展调研活动之前，需要根据调研目标、调研发起者（企业）的实力和调研预期效果进行合理的费用预算。

（十）制定调研的组织计划

调研的组织计划，是指为确保实施调研的具体工作计划。主要是指调研的组织领导、调研机构的设置、人员的选择和培训、工作步骤及其善后处理等。必要时，还必须明确规定调研的组织方式。

三、调研方案设计的成果体现

在设计调研方案的过程中，通常会根据不同阶段的工作形成不同的成果性材料。一般来说，主要涉及以下资料：

（一）调研费用估算表（见表3-1）

调研费用因调研种类的不同而异，合理的费用开支是保证调研活动顺利进行的重要条件，在此问题上应避免两种情况，其一是应尽量避免调研时间的拖延，这会直接导致费用开支的加大；其二是应尽量避免缩减必要的调研费用，这会直接影响调研的结果和成效。因此在开展调研活动之前，需要根据调研目标、调研发起者（企业）的实力和调研预期效果进行合理的费用预算。

（二）调研进度表（见表3-2）

确定调研进度，一方面可以指导和把握计划的完成进度，另一方面可以控制调研成本。

（三）调研项目建议书（见表3-3）

调研项目建议书是调研人员经过试验性调研及一系列的分析研究后拟定的，对企业提出的调研任务作了更详细的说明。

表 3-1　调研费用估价单

申请人：
调研题目：
调研地点：
调研时间：　　　　年　月　日～　　年　月　日

项目	数量	单位	金额	备注
资料费				
文件费				
差旅费				
统计费				
交际费				
调研费				
劳务费				
杂费				
其他				
总计				

表 3-2　调研进度表

序号	工作任务	时间	地点	负责人	备注

表 3-3　调研项目建议书

调研题目：
调研单位：
调研人员：
调研负责人：
日期：　　　　　　　　　年　月　日～　　年　月　日

1. 问题及背景材料：
2. 调研内容：
3. 调研所要达到的目的：
4. 调研方式：
5. 调研对象：
6. 调研地点：
7. 经费估算：

负责人审批意见　　　　　　　　　　　　　申请人：
财务审批意见　　　　　　　　　　　　　　申请日期：　　年　月　日

四、调研方案的评价

（一）调研方案的可行性研究

在对复杂社会经济现象所进行的调研中，所设计的调研方案通常不是唯一的，需要从多个调研方案中选取最优方案。同时，调研方案的设计也不是一次完成的，而要经过必要的可行性研究，对方案进行试点和修改。可行性研究是科学决策的必经阶段，也是科学设计调研方案的重要步骤。对调研方案进行可行性研究的方法有很多，现主要介绍逻辑分析法、经验判断法和试点调研法3种方法。

> **思考：**
> 为什么要对设计的调研方案进行可行性研究呢？

1. 逻辑分析法

逻辑分析法是检查所设计的调研方案的部分内容是否符合逻辑和情理。

例如，要调研某城市居民的消费结构，而设计的调研指标却是居民消费结构或职工消费结构，按此设计所调研出的结果就无法满足调研的要求，因为居民包括城市居民和农民，城市职工也只是城市居民中的一部分。

显然，居民、城市居民和职工三者在内涵和外延上都存在着一定的差别。

又如，对于学龄前儿童，要调研其文化程度，对于没有通电的山区要进行电视广告调研等。

以上这些都是有悖于情理的，也是缺乏实际意义的。逻辑分析法可对调研方案中的调研项目设计进行可行性研究，而无法对其他方面的设计进行判断。

2. 经验判断法

经验判断法即组织一些具有丰富调研经验的人士，对设计出的调研方案加以初步研究和判断，以说明方案的可行性。

例如，对劳务市场中的保姆问题进行调研，就不宜用普查方式，而适合采用抽样调研；对于棉花、茶叶等集中产区的农作物的生长情况进行调研，就适宜采用重点调研等。

经验判断法能够节省人力和时间，在比较短的时间内做出结论。但这种方法也有一定的局限性，这主要是因为人的认识是有限的、有差异的，事物在不断发生变化，各种主、客观因素都会对人们判断的准确性产生影响。

3. 试点调研法

试点是整个调研方案可行性研究中的一个十分重要的步骤，对于大规模市场调研来讲尤为重要。试点的目的是使调研方案更加科学和完善，而不仅是搜集资料。

试点也是一种典型调研，是解剖麻雀。从认识的全过程来说，试点是从认识到实践，再从实践到再认识，兼备了认识过程的两个阶段。因此，试点具有两个明显的特点，一个是它的实践性，另一个是它的创新性，两者互相联系、相辅相成。试点正是通过实践把客观现象反馈到认识主体，以便起到修改、补充、丰富、完善主体认识的作用。同时，通过试点，还可以为正式调研取得实践经验，并把人们对客观事物的了解推进到一个更高的阶段。

（1）试点的主要任务。

具体来说，试点的任务主要有以下两个：

1）对调研方案进行实地检验。调研方案的设计是否切合实际，还要通过试点进行实地检验，检查目标制定得是否恰当，调研指标设计是否正确，哪些需要增加，哪些需要减少，哪些说明和规定要修改和补充。试点后,要分门别类地提出具体意见和建议,使调研方案的制订既科学合理又解决实际问题。

2)作为实战前的演习,可以了解调研工作安排是否合理,哪些是薄弱环节。

例如,第二次全国工业普查,包括调研300多个指标,进行500多个行业分类,涉及40多万个企业填报。因此,必须通过试点取得这方面的实践经验,把分散的经验集中起来,形成做好普查工作的各项细则,成为各个阶段、各项工作应当遵循的规则。

（2）试点的注意事项。

1)应建立一个精干有力的调研队伍,队伍成员应该包括有关领导、调研方案设计者和调研骨干,这是搞好试点工作的组织保证。

2)应选择适当的调研对象。要选择规模较小,代表性较强的试点单位。必要时可采取少数单位先试点,再扩大试点范围,然后全面铺开的做法。

3)应采取灵活的调研方式和方法。调研方式和方法可以多用几种,经过对比后,从中选择适合的方式和方法。

4)应做好试点的总结工作。即要认真分析试点的结果,找出影响调研成败的主、客观原因。不仅要善于发现问题,还要善于结合实际探求解决问题的方法,充实和完善原调研方案,使之更加科学和易于操作。

（二）调研方案的评价

对于一个调研方案的优劣,可以从不同角度加以评价,现结合第二次全国工业普查的情况简要说明如下：

1. 方案设计是否体现调研目的和要求

方案设计是否基本上体现了调研的目的和要求,这一条是最基本的。

例如,第二次工业普查从摸清我国工业家底的目的出发,根据方案确定的调研范围、调研单位、调研内容,据此设置的一系列完整的指标体系,反映了我国工业的现状和全貌。方案指标设置的重点基本上能够体现国家调整工业内部结构、发展科学技术、提高职工素质、提高经济效益等方面的要求。

2. 方案设计是否科学、完整和适用

例如,此次普查对生产、流通、分配和消费各个环节,设置了许多相互联系、相互制约的指标,形成一套比较完整的指标体系,其特点是全面、系统和配套,适用性较强。

3. 方案设计能否使调研质量有所提高

影响调研数据质量高低的因素是多方面的,但调研方案是否科学、可行,对最后的调研数据质量有直接的影响,这次工业普查由于方案设计合理,使调研的实际差错率大大低于20‰的规定。

4. 调研实效检验

评价一项调研方案的设计是否科学、准确,最终还要通过调研实施的成效来体现。即必须通过调研工作的实践检验,来观察方案中哪些符合实际,哪些不符合实际,产生的原因是什么,肯定正确的做法,找出不足之处并寻求改进方法,这样就可以使今后的调研方案设计更加接近客观实际。

【思考与讨论】

1. 怎样理解市场调研方案设计的含义？
2. 总体方案设计主要包括哪些内容？
3. 以某一个产品为调研对象，对几种调研方案进行评价分析。
4. 方案评价中应注意哪些问题？

【案例分析】

可口可乐市场调研策划书

一、前言

在很早就兴起的消费品市场之一，可口可乐很快就遍布世界各地，品种也不断增加。根据预测，该市场需求曲线呈上升趋势。

为了扩大可口可乐在消费者中的需求，同时根据市场环境分析，目前在江西、贵州两省的销售情况日益趋好，为了更好地做好销售工作，就必须进行饮料市场调查。

本次市场调查将围绕策划金三角的3个立足点：消费者、市场、竞争者来进行。

二、调查目的

（1）为可口可乐在湖南、江西、贵州市场进行营销策划提供客观依据。

具体如下：

1）了解这3个省市场状况。3省经济发展基础不同，消费水平不一样。
2）了解湖南、江西、贵州3省消费者的人口、家庭等统计资料，测算市场容量及潜力。
3）了解消费者对可口可乐饮料消费的观点、习惯、偏好及建议等。
4）了解竞争对手广告策略、销售策略。
5）了解消费者的年龄分布。

（2）为该公司（湖南中粮可口可乐有限公司）总体营销提供有关的市场信息，更好地实行生产、销售管理及新产品的研发提供客观的依据。

三、市场调查内容

（一）消费者

（1）消费者统计资料（年龄、性别、收入、文化程度、家庭构成等）。
（2）消费者对可口可乐饮料的消费形态（食用方式、花费、习惯、看法等）。
（3）消费者对可口可乐饮料的购买形态（购买过什么、购买地点、选购标准、购买品种等）。
（4）消费者理想的可口可乐公司描述。
（5）消费者对可口可乐饮料类产品广告、促销的反应。

（二）市场

（1）湖南、江西、贵州地区的数量、品牌、销售状况。
（2）湖南、江西、贵州地区消费者需求及购买力状况。

(3) 湖南、江西、贵州地区市场潜力测评。

(4) 湖南、江西、贵州地区可口可乐饮料销售通路状况。

(5) 湖南、江西、贵州地区的物流情况。

（三）竞争者

(1) 湖南、江西、贵州地区市场上现有几类饮料，饮料的品牌、定位、档次等。

(2) 市场上现有可口可乐的销售状况。

(3) 各品牌、各类型可口可乐的主要购买者描述。

(4) 竞争对手的广告策略及销售策略。

四、调查对象及抽样

目前市场的饮料琳琅满目，但是知名品牌的也有很多，所以，在确定调查对象时，对目标消费中，点面结合，要有所侧重。

调查对象组成及抽样如下：

消费者：300户，其中家庭月收入3000元以上者占50%；3000元以下者占30%；大学生无收入；其他占20%。竞争对手：20家，其中最大的是百事可乐公司。

消费者样本要求：

(1) 家庭成员中有没有人在可口可乐公司或者相关行业工作。

(2) 学生（大学生）对品牌的意识。

(3) 家庭亲戚是否有人在做相关的市场营销工作。

(4) 学生对广告的印象。

五、市场调查方法

以访谈为主：入户访问、售点访问、群体访问。

访员要求：

(1) 仪表端正、大方。

(2) 举止谈吐得体，态度亲切、热情，具有把握谈话气氛的能力。

(3) 经过专门的市场调查培训，专业素质较好。

(4) 具有市场调查访谈经验。

(5) 具有认真负责、积极的工作精神及职业热情。

六、市场调查程序及安排

第一阶段：初步市场调查　　2天

第二阶段：计划阶段

　　制定计划　　　　2天

　　审定计划　　　　2天

　　确认修正计划　　1天

第三阶段：问卷阶段

　　问卷设计　　　　2天

　　问卷调整、确认　2天

　　问卷印制　　　　3天

第四阶段：实施阶段
　　访员培训　　　　2天
　　实施执行　　　　10天
第五阶段：研究分析
　　数据输入处理　　2天
　　数据研究、分析　2天
第六阶段：报告阶段
　　报告书写　　　　2天
　　报告打印　　　　2天
调查实施自计划、问卷确认后第四天执行。
七、经费预算（略）
八、附调查问卷和相关表格
注：其他调查表格暂略

（资料来源：市场营销2006级学生作业，部分改编）

案例思考

1. 根据上述案例资料，试分析市场调研策划方案的基本结构和主要内容。
2. 讨论分析上述策划方案是否完整、规范？
3. 对上述策划方案有何总体评价？

【实践与训练】

1. 选择本地附近的某一商场或者超市，对其顾客满意度进行调研，请为其设计调研方案。
2. 某公司欲在本地开设一家大型电影院，但是对本地消费者对电影院消费的情况不清楚，拟对电影院的开设进行可行性研究，请为其设计调研方案。

第四章 抽样技术

【教学目的与要求】

通过抽样技术的学习,要明确基本抽样问题及抽样容量的确定方法;了解不同组织形式下的抽样指标计算的不同方法,掌握常用的随机和非随机抽样技术,能够根据实际需要进行抽样设计,抽取合适的样本。

【导读案例】

YY食品集团公司广告效果电话抽样调研

YY食品集团公司系外商投资企业,YY集团公司主要生产销售蛋黄派、薯片、休闲小食品、果汁饮料、糖果、果冻、雪饼等系列产品,目前形成具有1000余个经销点的强大销量网络,年销售收入逾5亿元。2001年,公司通过并全面推行ISO9001:2000国际质量管理体系,将公司的管理水准推上一个新台阶。

2004年年初,YY集团公司的新产品"XX派"出现在电视广告中,为了分析新产品的电视广告效果,集团公司委托一家市场研究公司进行电视广告效果的市场研究。

一、调研目的

(1)了解"YY牌"派食品在全国主要目标市场(城市)的品牌认知度、品牌美誉度、品牌忠诚度。

(2)了解YY牌"XX派"近段时间的(电视)广告认知度。

(3)分析YY牌"XX派"的广告效果,包括广告认知效果、消费者的心理变化效果和唤起消费者购买效果的分析,从而提高产品销售额。

(4)消费者媒介接触习惯与背景资料研究,为YY公司下一步调整广告投放策略提供参考。

(5)消费者对"派食品"的消费(食用)习惯与需求研究,为调整产品的营销策略提供依据。

二、研究内容

(1)消费者对YY牌"XX派"的广告认知率(接触率)。

(2)消费者对YY牌"XX派"的广告内容评价。

(3)消费者对"派食品"的消费动机。

(4)消费者购买/食用YY牌"XX派"的考虑因素及原因(动机)。

(5)消费者不购买/食用YY牌"XX派"的主要因素。

(6)消费者日常媒介接触习惯。

三、调研方法

采用电话随机访问。

四、抽样方法

将各城区电话号码的全部局号找到，按所属区域分类排列，此为样本的前3位或4位电话号码，后4位电话号码则从计算机随机抽取出来，前3位或4位电话号码跟后4位电话号码相互交叉汇编组成不同的电话号码。

例如，XX城市的电话号码局域号有781、784、786、789、…，后4位电话号码库有1976、5689、9871、0263、1254、…，则抽样出的电话号码为7811976、7815689、7819871、7810263、7811254、7841976、7845689、7849871、7840263、7841254、…，以此类推。

1. 样本配额要求

在所有城市的产生样本中，要求每个城市至少产生37.5个样本（所有城市至少有300个样本）在最近1~2个月内接触过"YY牌XX"的电视广告。如果达不到这个样本数，必须追加样本，最终将增加总样本量。

目的在于对这其中300个或以上有接触过电视广告的消费者中进行深入分析，挖掘其"广告直接与间接效果"等。

2. 样本配额控制方法

计算每个城市每个区域应做的样本量，将每类问卷的样本数按各区的人口比例进行分配，计算出每区应做的样本量。在进行电话访问的同时，记录被访者所在的区域，由负责督导进行统计并随时进行管控（因电话号码的局号是不受区域限制的，有可能同一局号跨越两个行政区），确保各区样本量的准确性。

五、调研结论

本调研项目至实地调研结束时，YY牌XX派的电视广告已连续播放两个多月，从消费者接触到广告内容，到对YY牌XX派的了解，产生购买动机，到最终促进消费者的购买行动，每个环节都是近期两个多月以来电视广告投放产生的效果。总体来讲，这段时间的广告活动应该是相对比较成功的，对于提高YY牌XX派的品牌知名度、促进YY牌XX派的销售量都起到相当大的作用。

……

在产品的广告宣传上，虽说前段时间的广告投放收到一定的效果，但在媒介选择上需要重新调整，每个城市以当地收视率最高的电视媒介为主，可以不考虑卫视台，多数地方的消费者收看电视以地方电视台为主，较少收看外地台。而且，从现有的调研结果看，虽说卫视台的辐射面较广，但派食品地域差异性较大，每个地方消费者对派产品的品类需求不同。

（资料来源：http://www.schxmvc.com/Article_Show.asp）

第一节 抽样调研基础知识

【学习目标与要求】

● 知识点

1. 抽样调研的含义和类型

2. 抽样调研常用的概念
3. 抽样误差的类别和控制
● 技能点
1. 掌握抽样调研样本的选取
2. 掌握抽样误差的计算和控制

【讲授与训练内容】

一、抽样调研

（一）概念
抽样调研实际是一种专门组织的非全面调研。它是按照一定方式，从调研总体中抽取部分样本进行调研，用所得的结果说明总体情况的调研方法。抽样调研是现代市场调研中的重要组织形式，是目前国际上公认和普遍采用的科学的调研手段。抽样调研的理论原理是概率论，概率论中诸如中心极限原理等一系列理论，为抽样调研提供了科学的依据。

（二）分类
抽样调研分为随机抽样和非随机抽样两类。

1. 随机抽样
随机抽样是按照随机原则抽取样本，即在总体中抽取单位时，完全排除了人的主观因素的影响，使每一个单位都有同等的可能性被抽到。遵守随机原则，一方面，可使抽取出来的部分单位的分布情况（如不同年龄、文化程度人员的比例等）有较大的可能性接近总体的分布情况，从而使根据样本所做出的结论对总体研究具有充分的代表性；另一方面，遵循随机原则，可有助于调研人员准确地计算抽样误差，并有效地加以控制，从而提高调研的精度。

2. 非随机抽样
非随机抽样不遵循随机原则，它是从方便出发或根据主观的选择来抽取样本。非随机抽样无法估计和控制抽样误差，无法用样本的定量资料，采用统计方法来推断总体，但非随机抽样简单易行，尤其适用于做探测性研究。

（三）抽样调研的特点
（1）从经济上说，抽样调研节约人力、物力和财力。
（2）抽样调研更节省时间，具有较强的时效性。
（3）抽样调研具有较强的准确性。
（4）通过抽样调研，可使资料搜集的深度和广度都大大提高。

尽管抽样调研具有上述优点，但它也存在着某些局限性，它通常只能提供总体的一般资料，而缺少详细的分类资料，在一定程度上难以满足对市场经济活动分析的需要。此外，当抽样数目不足时，将会影响调研结果的准确性。

（四）抽样调研的适用范围
（1）对一些不可能或不必要进行全面调研的社会经济现象，最宜用抽样方式解决。
例如，对有破坏性或损耗性质的商品质量检验；对一些具有无限总体的调研（如对森林木材积蓄量的调研）等。

（2）在经费、人力、物力和时间有限的情况下，采用抽样调研方法可节省费用，争取时效，用较少的人力、物力和时间达到满意的调研效果。

（3）运用抽样调研对全面调研进行验证，全面调研涉及面广、工作量大、花费时间和经费多，组织起来比较困难。但调研质量如何需要检查验证，这时，显然不能用全面调研方式进行。

例如，工业普查，前后需要几年的时间才能完成，为了节省时间和费用，常用抽样调研进行检查和验证。

（4）对某种总体的假设进行检验，判断这种假设的真伪，以决定行为的取舍时，也经常用抽样调研来测定。

（五）抽样调研中常用的概念

1. 全及总体和抽样总体

全及总体简称总体，是指所要调研对象的全体。抽样总体简称样本，是从全及总体中抽选出来所要直接观察的全部单位。

例如，调研某学校学生的平均月生活费收入和支出，可以按抽样调研理论从全体学生中抽取部分学生了解，那么全校学生就是全及总体，抽取的部分学生就是抽样总体。

2. 全及指标和抽样指标

全及指标是根据全及总体各单位指标值计算的综合指标，常用的全及指标有全及总体平均数、全及总体成数、全及总体方差和均方差。

（1）全及总体平均数：是全及总体所研究的平均值，根据所掌握资料的情况，可有简单式和加权式的计算方法。

（2）全及总体成数：是指一个现象有两种表现时，其中具有某种标志的单位数，在全及总体中所占的比例。

例如，产品可分为合格产品和不合格产品，产品总体中合格产品率或不合格产品率即是成数。

（3）全及总体方差和均方差：全及总体方差和均方差是用来说明全及总体标志变异程度的指标，是理解和应用抽样调研时很重要的基础指标。抽样指标是根据抽样总体各单位标志值计算的综合指标。常用的抽样指标有抽样平均数、抽样成数、抽样方差和均方差等。

3. 重复抽样和不重复抽样

（1）重复抽样又称回置抽样，是一种在全及总体中允许多次重复抽取样本单位的抽选方法，即从总体中随机地抽出一个样本，将它再放回去，使它仍有被抽到的可能，在整个抽样过程中，总体单位数不变，被抽中的样本单位的概率也是完全相同的。

（2）不重复抽样又称不回置抽样，即先被抽选的单位不再放回全及总体中去，一经抽出，就不会再有第二次被抽中的机会，在抽样过程中，样本总数逐渐减少。

4. 总体分布和样本分布

总体分布是指全及总体中的各个指标值经过分组所形成的变量数列。而样本分布是指所有可能的样本指标经过分组而形成的变量数列。一般地讲，当总体分布为正态分布，则样本分布也一定是正态分布，但当总体不是正态分布时，则样本是否是正态分布主要取决于样本的数量大小，抽样调研的基本要求就是使样本分布尽可能地接近于总体分布。

5. 抽样框和抽样单元

抽样框是指供抽样所用的所有的调研单位的详细名单。

例如，要从 10000 名职工中抽出 200 名组成一个样本，则 10000 名职工的名册就是抽样框。

抽样框一般可以使用现成的名单，如户口、企业名录、企事业单位职工的名册等，在没有现成名单的情况下，可由调研人员自己编制。应该注意的是，在利用现有的名单作为抽样框时，要先对该名录进行检查，避免有重复、遗漏的情况发生，以提高样本对总体的代表性。

二、抽样误差

（一）含义与类型

在市场调研中，无论是全面调研还是非全面调研，都有可能产生误差，调研误差是指调研的结果和客观实际情况的额出入和差数。

一般有两种误差存在，即登记性误差和代表性误差。

（二）抽样误差的影响因素

抽样误差的大小，主要受以下 3 个因素的影响：

1. 被研究总体各单位标志值的变异程度

总体的方差和均方差越大，抽样误差就越大；反之，则抽样误差越小。如果总体各单位标志值之间没有差异，那么，抽样指标和全及指标相等，抽样误差也就不存在了。

2. 抽取的调研单位数目

在其他条件不变的情况下，抽样单位数越多，抽样误差就越小；反之，则越大。当样本单位数扩大到与全及总体数一致后，也就是全面调研，抽样误差也就不存在了。

3. 抽样调研的组织形式

抽样误差也受抽样组织形式的影响，一般来说，按照等距抽样和类型抽样方式组织抽样调研，由于经过排队，可以缩小差异程度，因而抽取相同数目的样本，其抽样误差要比简单随机抽样方式的误差小。

（三）抽样误差的计算

1. 抽样平均误差

在抽样调研中，往往可以根据调研的需要，从同一全及总体中抽取很多样本，每个样本都有相同的或不同的样本容量，同时，每个样本都可以计算相应的抽样平均数或抽样成数，这样，从理论上讲，可以计算出许多抽样误差，为了反映这些误差的一般水平，就要计算抽样平均误差。

抽样平均误差是指所有样本抽样的平均数。它不是一个简单的算术平均数，而是抽样平均数或抽样成数的标准差，即可能出现的样本的平均离差。因此，抽样平均误差被用作衡量样本指标对总体指标代表性高低的尺度。

2. 极限抽样误差

抽样平均误差可以用来测定抽样指标对总体指标的可能离差。根据概率原理，用一定的概率可以保证抽样误差不超过某一给定范围，这个给定的范围就叫做极限抽样误差。

中心极限定理已证明，概率度 t 和概率 P 成函数关系，即 P=F(t)，t 每取一个值，都有唯一确定的 P 值与之相对应。在实际工作中，为了使用的方便，将不同的 t 值与其相应的概率 P 预先算好，编成概率表，供调研时使用。几个常用的概率度和概率之间的关系如表 4-1 所示。

表 4-1 概率度和概率函数关系表

t	F(t)
1.00	6827
1.50	8664
1.96	9500
2.00	9545
2.50	9876
3.00	9973
4.00	9994
5.00	0.999999

第二节 随机抽样技术

【学习目标与要求】

- 知识点
1. 常见的随机抽样技术的含义和类型
2. 4 种常用随机抽样技术的抽样方式
3. 不同随机抽样技术的特点和适用范围
- 技能点
1. 根据实际情况选择合适的随机抽样技术
2. 掌握 4 种常用的随机抽样技术

【讲授与训练内容】

一、简单随机抽样技术

简单随机抽样是在总体中不进行任何有目的的选择，按照随机原则、纯粹偶然原则抽取样本，如图 4-1 所示。

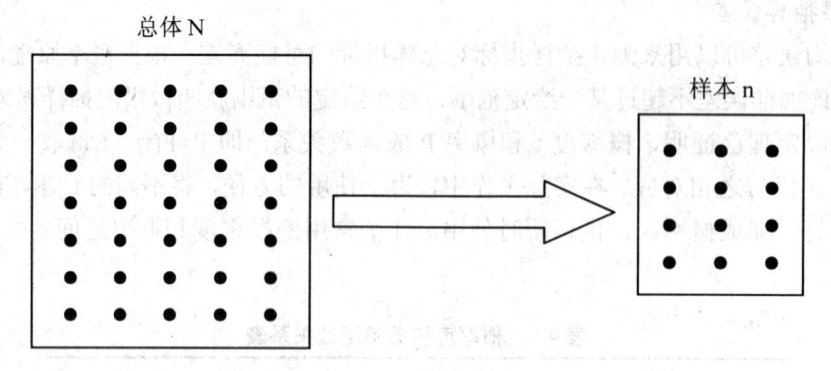

图 4-1　简单随机抽样

（一）常用方法

1. 抽签法

抽签法：先将调研总体的每个单位编号，然后采用随机的方法任意抽取号码，直到样本抽足。

要从1000个样本中中选出10个样本，有时用一个骰子，这个骰子必须是0～9的数字都能得到同等的可能率，就可以满足需要。抽样时，把这个骰子转动3次，以最先得到的数字为百位，第2次得到的数字为十位，第3次得到的数字为个位，组成一个数，反复转动骰子，可得到一组数据，即为样本的序号。

2. 乱数表法

乱数表是一组随机数表，如表4-2所示。在抽样时，可以将总体编号，根据总体大小确定样本数量，然后查乱数表，选定任意数字作为起始数字，按照一定规则（如自上而下，自下而上，间隔一定行、间隔一定列等等），抽取样本。

表 4-2　乱数表（部分）

15 13 21 96 10 43 46 00 95 62 09 45 43 87 40 08 00
02 12 84 54 72 35 75 88 47 75 20 21 27 73 48 33 69
65 10 88 94 70 76 54 45 07 71 24 53 48 10 01 51 99
……
49 25 67 87 71 50 46 84 98 62 41 85 51 29 07 12 35
50 50 51 45 14 61 58 79 12 88 21 09 02 60 91 20 80

（二）适用范围

简单随机抽样是抽样调研中最简单的一种，这种方法一般适用于：调研总体各单位差异较小；调研对象特征不明显，或者难以分组、分类的情况。如果调研范围大或者各个单位的差异大，一般要与其他方法结合使用。

二、分层随机抽样技术

分层随机抽样技术又称分类随机抽样技术，是把调研对象按照其属性不同分为若干层次，然后在各个层次（类型）中随机抽取样本，如图4-2所示。

例如，调研人口，按照地区、年龄、性别、收入等特性分层。

总体
$N=N_1+N_2+\cdots+N_m$

层次 N_1

层次 N_2

层次 N_3

...

层次 N_m

样本
$n=n_1+n_2+\cdots+n_m$

样本 n_1

样本 n_2

样本 n_3

...

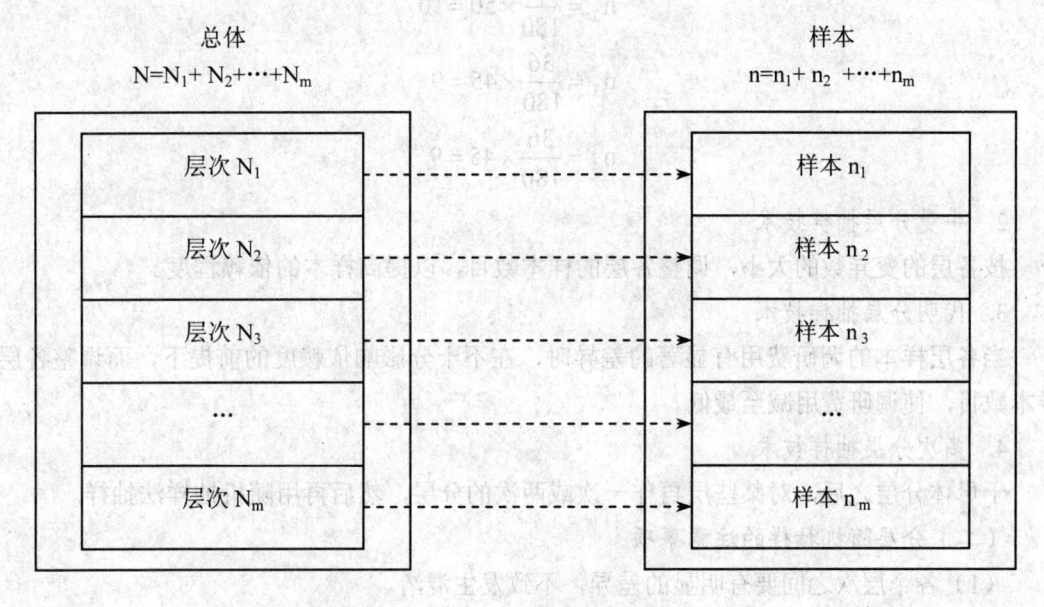

样本 n_m

图 4-2 分层随机抽样

（一）分层随机抽样的类别

1. 比例分层抽样技术

按分层后各层母体数量的多少作比例而抽出样本数。设总体由 N 个单位组成，现在需要抽取出一组容量为 n 的样本，其步骤如下：

（1）把总体按主要标志划分为 R 组，使 $N = N_1 + N_2 + \cdots + N_R$。

（2）然后从各组中的 N_i 中，用单纯随机抽样方法抽取 n_i 个单位构成样本，使得 $n = n_1 + n_2 + \cdots + n_R$。

（3）由于分层是按主要指标分组，各组的单位数不同，而分层抽样通常是按各组单位数占总体单位数的比例来抽出样本，哪一组单位多就应该多取样，单位数少则少取样，并要保证如下关系：

$$\frac{n_1}{N_1} = \frac{n_2}{N_2} = \cdots = \frac{n_R}{N_R} = \frac{n}{N}$$

所以，各组的样本数应为 $n_i = \frac{n}{N} N_i$。

例如，某企业需对 180 名消费者进行调研，其中 18 岁以下 N_1=40 人，18～45 岁 N_2=50 人，46～60 岁 N_3=45 人，60 岁以上 N_4=45 人，现要抽取 20%作为样本，则每个年龄段应抽取的样本单位数各为多少？

按以下步骤算出：

（1）确定样本单位数 n=N×20%=180×20%=36 人。

（2）每班的样本单位数分别为

$$n_1 = \frac{36}{180} \times 40 = 8$$

$$n_2 = \frac{36}{180} \times 50 = 10$$

$$n_3 = \frac{36}{180} \times 45 = 9$$

$$n_4 = \frac{36}{180} \times 45 = 9$$

2. 牛曼分层抽样技术

按各层的变异数的大小，调整各层的样本数目，以提高样本的依赖程度。

3. 代明分层抽样技术

当各层样本的调研费用有显著的差异时，在不十分影响依赖度的前提下，而调整各层的样本数目，使调研费用减至最低。

4. 多次分层抽样技术

于母体分层之后，对某些层再作一次或两次的分层，然后再用随机抽样法抽样。

（二）分层随机抽样的注意事项

（1）各个层次之间要有明显的差异，不致发生混淆。

（2）要知道各个层次的单位数目和比例。

（3）分层层数不宜过多，每个层内个体应保持一致性。

三、分群随机抽样技术

分群随机抽样，把调研总体区分为若干群体，然后采用简单随机抽样的方法，从各个群体中抽取样本的调研方法，如图4-3所示。

（一）抽取方式

在实际工作中，为了便于调研、节省人力和时间，往往是一批一批地抽取样本，每抽一批时，把其中所有单位全部加以登记，以此来推断总体的一般情况，这种抽样方式称为整群抽样。

例如，对工业产品进行质量调研时，每隔5个小时，抽取1个小时的产品进行检查。

划分群时，每群的单位数可以相等，也可以不等，在每一群中的具体抽选方式，既可以采用随机的方式，也可以采用等距抽样的方式，但不管采用什么方式，都只能用不重复的抽样方法。

（二）优缺点及注意事项

整群抽样的优点是组织工作比较方便，确定一组就可以抽出许多单位进行观察。但是，正因为以群体为单位进行抽选，抽选单位比较集中，明显地影响了样本分布的均衡性。因此，整群抽样与其他抽样比较，在抽样单位数目相同的条件下抽差误差较大、代表性较低，在抽样调研实践中，采用整群抽样技术一般都要比其他抽样技术抽选更多的单位，以降低抽样误差，提高抽样结果的准确程度。

总体 N
包括 M 个群组

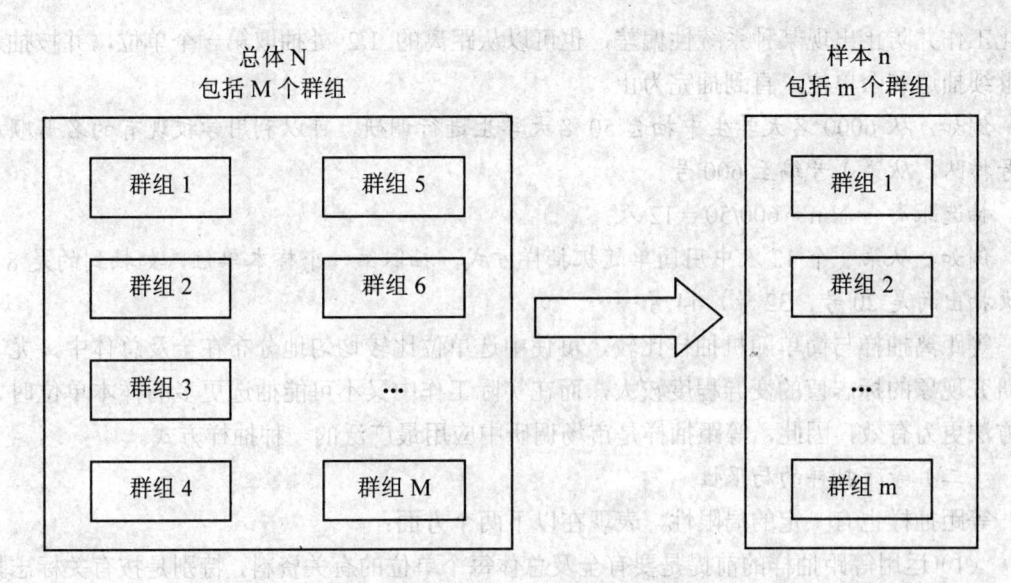

群组 1	群组 5
群组 2	群组 6
群组 3	……
群组 4	群组 M

样本 n
包括 m 个群组

| 群组 1 |
| 群组 2 |
| …… |
| 群组 m |

图 4-3　分群随机抽样

当然，整群抽样的可靠程度主要还是取决于群与群之间差异的大小，当各群间差异较小时，整群抽样的调研结果就越准确。因此，在大规模的市场调研中，当群体内各单位间的误差较大，而各群之间的差异较小时，最适宜采用整群抽样方式。

（三）适用范围

适用于个体差异大的母体。因为母体的异质性很高，而且乱度很大，便不能订立标准分层，只能依其他外观的或地域的来划分成几个群。

例如，某市抽出 1000 名样本，但无法取得该市市民名册，所有资料只有小区、办事处的名称和数目。假定该市共有 500 个单位的小区、办事处，每一个单位约有 2 万名居民，因此可以小区、办事处为单位，从 500 个小区、办事处中随机抽出 50 个，并将所抽出的小区、办事处中的全体居民作为样本，如此可抽出 1000 名样本。

四、等距抽样技术

等距抽样技术又称系统抽样技术或者机械抽样技术，就是先将全及总体各单位按一定标志排列起来，然后按照固定的顺序和一定的间隔来抽取样本单位。

（一）抽取方式

排列所依的标准有两种：一种是按与调研项目无关的标志排队。

例如，在住户调研时，选择住户可以按住户所在街区的门牌号码排队，然后每隔若干个号码抽选一户进行调研。

另一种是按与调研项目有关的标志排队。

例如，住户调研时，可按住户平均月收入排队，再进行抽选。

在排队的基础上，还要计算抽选距离（间隔），计算公式为

$$抽选距离 = N/n$$

确定抽选距离之后，可以采用简单随机抽样方式，从第一段距离中抽取第一个单位，为

简化工作并防止出现某种系统性偏差,也可以从距离的 1/2 处抽取第一个单位,并按抽选距离继续抽选剩余单位,直到抽完为止。

例如,从 6000 名大学生中抽选 50 名大学生进行调研,可以利用学校现有的名册顺序按编号排队,从第 1 号编至 600 号。

抽选距离 = N/n = 600/50 = 12 人。

例如,从第一个 12 人中用简单随机抽样方式,抽取第一个样本单位,如抽到的是 8 号,依次抽出的是 20 号、32 号、44 号……。

等距离抽样与简单随机抽样比较,可使中选单位比较均匀地分布在全及总体中,尤其当被研究现象的标志值的变异程度较大,而在实际工作中又不可能抽选更多的样本单位时,这种方法更为有效,因此,等距抽样是市场调研中应用最广泛的一种抽样方式。

(二)等距抽样的局限性

等距抽样也有一定的局限性,表现在以下两个方面:

(1)运用等距抽样的前提是要有全及总体每个单位的有关资料,特别是按有关标志排队时,往往要有较为详细具体的资料,这是一项复杂和细致的工作。

(2)当抽选间隔和被调研对象本身的节奏性相重合时,就会影响调研的精度。例如,对某商场每周的商品销售量情况进行抽样调研,若抽取的第一个样本是周末,抽样间隔为 7 天,那么抽取的样本单位都是周末。而往往周末商品销售量最大,这样就会发生系统性偏差,从而影响等距抽样的代表性。

第三节 非随机抽样技术

【学习目标与要求】

- 知识点
1. 常见的非随机抽样技术的含义和类型
2. 4 种常用非随机抽样技术的抽样方式
3. 不同非随机抽样技术的特点和适用范围
- 技能点
1. 根据实际情况选择合适的非随机抽样技术
2. 掌握常用的非随机抽样技术

【讲授与训练内容】

一、非随机抽样技术

非随机抽样是指抽样时不遵循随机原则,而是按照调研人员主观设立的某个标准抽选样本。在市场调研中,采用非随机抽样通常是出于以下几个原因:

(1)客观条件的限制,无法进行随机抽样。

（2）为了快速获得调研结果，提高调研的时效性。

（3）在调研对象不确定，或无法确定的情况下采用，如对某一突发（偶然）事件进行现场调研等。

（4）总体各单位间离散程度不大，且调研人员具有丰富的调研经验时。

非随机抽样技术主要有3种：任意抽样技术、判断抽样技术和配额抽样技术。

二、任意抽样技术

任意抽样又称便利抽样，是根据调研者的方便与否来抽取样本的一种抽样方法。"街头拦人法"和"空间抽样法"是方便抽样的两种最常见的方法。

"街头拦人法"是在街上或路口任意找某个行人，将其作为被调研者进行调研。例如在街头向行人询问其对市场物价的看法，请行人填写某种问卷等。

"空间抽样法"是对某一聚集的人群，从空间的不同方向和方位对他们进行抽样调研，如在商场内向顾客询问对商场服务质量的意见；在劳务市场调研外来劳工打工情况等。

任意抽样简便易行，能及时取得所需的信息资料，省时、省力、节约经费，但抽样偏差较大，一般用于非正式的探测性调研，只有在调研总体各单位之间的差异不大时，抽取的样本才具有较高的代表性。

三、判断抽样技术

判断抽样又称目的抽样，是指调研人员根据自己的主观意愿、经验和知识抽取样本，或由某些有见解的专家从总体中选择具有代表性的样本进行调研的一种抽样方法。判断抽样是主观的，其准确性在很大程度上受调研人员的判断、专业知识以及经验的影响，这种影响甚至是决定性的。

判断抽样在具体操作中有三种可供选择的方案：一是由专家从调研总体中所占比例较多的某类个体中选取一定数量的个体作为样本，然后根据其调研结果推断总体的相关特征，这种方法称为多数型；二是平均型，即在调研总体中挑选代表平均水平的单位进行调研；三是主观型，通过分析调研总体的全面统计资料，按照主观确定的标准选择样本。

判断抽样方法在样本规模小及样本不易分门别类挑选时有其较大的优越性。但由于其精确性依赖于调研者对调研对象的了解程度、判断水平和对结果的解释情况，所以判断抽样方法的结果的客观性受到人们的怀疑。

判断抽样具有抽样简便的优点，当调研项目的精确度要求不高的情况下经常被采用。若选择样本的专家经验非常丰富，或者调研者对调研对象的特征了解得比较清楚时，判断抽样选取的样本将具有很强的代表性。

四、配额抽样技术

配额抽样是非随机抽样中最流行的一种，配额抽样是首先将总体中的所有单位按一定的标志分为若干类（组），然后在每一类（组）中用便利抽样或判断抽样方法选取样本单位。所不同的是，配额抽样不遵循随机原则，而是主观地确定对象分配比例。

（一）常用类别

配额抽样按照控制特征的独立性，可以分为独立控制配额抽样和非独立控制配额抽样。

1. 独立控制配额抽样

独立控制配额抽样是各自按照自己的控制特征抽取样本，各个控制特征之间不相互牵制，也不规定各个控制特征之间的关系。

例如，抽取180个样本，控制特征为3个：年龄、收入、性别，样本分配数额如表4-3所示。

表4-3 独立控制配额表

年龄	配额	性别	配额	收入	配额
18~29岁	30	男	90	高	36
30~40岁	50			中	54
41~55岁	60	女	90	低	90
56岁以上	40				
合计	180	合计	180	合计	180

可以看出，这种配额分配，3个控制特征之间不相互牵制，也不规定各个控制特征之间的关系。

例如，从18~29岁的消费者中抽取30人，这30人是男是女，收入高低，并没有规定。这种方法简便易行，但选择样本容易有倾向性，偏向某种类型而忽略其他类型，实际上容易发生控制不严的情况。

2. 非独立控制配额抽样

在分配样本数额时同时对具有两种或者两种以上的控制特征的每一样本数目都做出具体规定。

例如，可以规定：在18~29岁之间抽取30人，其中高收入的男性和女性各抽取3人，中收入的男性和女性各抽取4人，低收入的男性和女性各抽取8人。

非独立控制配额抽样一般步骤如下：

（1）确定控制特征，如例中控制特征为3个：年龄、性别、收入；

（2）根据控制特征对总体进行分层，计算各层占总体的比例，确定各层次之间的比例关系。

例如，以收入为控制特征，制定非独立控制配额抽样比例表（其他控制特征也可以按照同样的方法），如表4-4所示。

表4-4 非独立控制配额抽样比例表

月收入（元）	家庭人口 <4人	家庭人口 >4人	合计
3000以下	50%	18%	68%
3000~5000	2%	20%	22%
5000以上	1%	9%	10%
合计	53%	47%	100%

（3）确定每层样本数。先确定样本总数，再根据每层样本各自比例，确定每层应抽取的数目。

（4）配额分配，确定调研单位，如表4-5所示。

表4-5 非独立控制配额表

年龄	高 男	高 女	中 男	中 女	低 男	低 女	合计
18~29岁	3	3	4	4	8	8	30
30~40岁	5	5	7	7	13	13	50
41~55岁	7	7	9	9	14	14	60
55岁以上	3	3	7	7	10	10	40
小计	18	18	27	27	45	45	180
合计	36		54		90		

（二）适用范围及注意事项

配额抽样方法简单易行，可以保证总体的各个类别都能包括在所抽样本之中，因此配额抽样的样本具有较高的代表性。但也应注意到这种方法具有一定的假设性，即假定具有某种相同特征的调研对象，其行为、态度与反应都基本一致，因此，对同一层内的调研对象，是否采取随机抽样就无关紧要了。由于抽样误差不大，只要问卷设计合理、分析方法正确，所得的结果同样值得信赖。而这种假设性是否成立，在很大程度上取决于调研者的知识、水平和经验。

配额抽样事先对总体中所有的单位，按其属性、特征分类，这些属性、特征称为"控制特征"，如消费者的年龄、性别、收入、职业等，然后按照各个控制特征分配样本数额。

【思考与讨论】

1．什么是抽样调研？
2．抽样调研的特点和适用范围是什么？
3．抽样调研有哪些重要的指标？如何应用？
4．如何控制抽样误差？
5．有哪些常见的随机抽样技术？有何区别？
6．有哪些常见的非随机抽样技术？有何区别？
7．随机抽样技术与非随机抽样技术有何区别？

【案例分析】

北京市海淀区调查抽样设计

一、调查总体与样本的界定

本次抽样调查总体为北京市海淀区农村、城区中20~65岁的居民。最终抽样单位为单个个体居民。

二、海淀区人口总体情况

本次调查抽样框的编制，以最新海淀区政府计划生育办公室掌握的"人口统计资料"为主，参照最新《北京市统计年鉴（1997年）》。资料显示，海淀区共有常住人口143万人（表4-6），45.5万户，暂住人口15万人。143万常住人口中，128.8万人为城市人口，14.2万人为农村人口。以户为单位计，非农业户有40.1万户，农业户为5.4万户。

表4-6 海淀区20-64岁人口的年龄结构及性别比：

年龄段	人口合计	各段比例（%）	性别比
20～29	268120	26.3	96.24/100
30～39	289072	28.4	101.81/100
40～49	222230	21.8	92.05/100
50～59	156629	15.4	87.66/100
60～64	82990	8.1	102.83/100
合计	1019041	100	106.3/100

（资料来源：北京市海淀区政府计划生育办公室未公开发表资料《海淀区人口年龄结构及发展趋势》）

就行政建制而言，在海淀区辖区内，共有17个街道办事处、1个镇、10个乡。其中，17个街道、1镇下辖888个居委会，10个乡、1镇下辖82个村民委员会。

三、样本量的确定

考虑经费因素，计划抽选样本单位为300个。在调查区域上，确定农村抽选100户，城市抽选200户。在每户中随机抽取1名年龄在20～65岁之间的家庭户成员为调查样本。

四、抽样方法

本次调查采用PPS抽样（Proportional Probability Sampling），该抽样方式在本次调查中分2部4级。第一部为城市部，其每一级的抽样单位PSU（Primary Sampling Unit）分别是：街道（含1/2镇）、居委会、居民户、居民个人；第二部为农村部，其每一级的抽样单位PSU分别是：乡（含1/2镇）、村民委员会、农户、农民个人。计划从17个街道中抽4个街道、8个居委会，从10个乡中抽取2个乡、4个村民委员会。再从每一个抽中的居、村委会中抽取25户居民户、农户，每一个户中选20～65岁的居民1人，作为访谈对象。

五、具体抽样过程

1. 对城区中街道的抽样

城区中17个街道及约1/2个镇中共有888个居委会，从中抽取4个街道或镇，其抽样过程如下：

首先计算抽样距离K。

根据上述要求，K=888÷4=222。

其次，将海淀区17个街道随机排定顺序如表4-7所示。

然后，根据随机数表，选取起点。我们获得的起始随机点是31。

最后，根据等距抽样原则，描出落点街道。

其结果如表 4-7 所示。

表 4-7 以街道为 PSU 的抽样过程

PSU 号码名称	PSU 规模	规模累计值	PSU 对应选择范围
中关村	26	26	0～26
北太平庄	109	135	27～135	31
甘家口	73	208	136～208	
青龙桥	31	239	209～239	
紫竹院	76	315	239～315	253
北下关	67	382	316～382	
永定路	13	395	382～395	
清华园	8	403	395～403	
燕园	8	411	404～411	
海淀街	66	477	412～477	475
万寿路街道	90	567	478～567	
学院路	63	630	568～630	
八里庄	46	676	631～676	
羊坊店	92	768	677～768	697
清河	51	819	769～819	
双榆树	38	857	820～857	
香山	17	874	858～874	
温泉、东北旺	14	888	875～888	
合计		888	

根据上述抽样，抽到的 4 个街道是北太平庄、紫竹院、海淀街道、羊坊店街道。

2. 对以乡为 PSU 的抽样

步骤、过程同（1.）。其中抽样距离，K=82÷2=41。

从中抽到的两个乡分别是海淀乡、东升乡。

3. 抽取居委会、村委会

将抽到的 4 个街道：北太平庄、紫竹院、海淀街道、羊坊店街道中所有的居委会随机排列在一起，编制成抽样框。根据步骤 1 中的方法，抽取居委会（为节省篇幅，此处从略）。其结果如下：

学院南路居委会，蓟门里南居委会，属于北太平庄街道

小南庄居委会，倒座庙居委会，属于海淀街道

军博路居委会，向东居委会，属于羊坊店街道

魏公村第三居委会，老营房居委会，属于紫竹院街道

将抽到的两个乡：海淀乡、东北旺乡中所有的村委会随机排列在一起，编制成抽样框。根据步骤 1 中的方法，抽取村委会。其结果如下：

清河村委会、马坊村委会，属于东北旺乡。

万泉庄村委会、六郎庄村委会，属于海淀乡。

4. 抽取家庭户

在抽到的 8 个居委会、4 个村委会中，各抽取 25 户作为调查对象。另根据经验，访问对象有可能经过 3 次或多次造访但仍然不能遇到，这样的比例在 15%左右。因此决定在每个居委会、村委会多抽取 3~5 个家庭户作为备用样本。

家庭户抽样框的制作：对 12 个居委会、村分别制作抽样框。做法是派学生到每个居委会、村委会去购买住户资料，主要是花名册。但此花名册经常发生变动。许多登记在册的户，由于种种原因，已不再在原地居住。因此，拿到花名册以后，需要就地找村中的主要干部、居委会的负责人进行核实。之后，以花名册上的户主姓名为抽样框，以等距抽样的方法，抽选户主，即得所要访问的家庭户。

实际调查过程中，实际抽选家庭户 340 户。

5. 家庭内的抽样

由于我们最终要访问的是个人，因此抽到家庭以后，还有一个对其中的家庭成员的抽样的问题。我们采用 Kish 表来满足抽样的要求。访问员入户后，首先记录该户中所有符合调查条件的家庭成员的人数，并按年龄大小进行排序和编号。随后，访问员根据受访户的编号和家庭人口数的交叉点，在表中找到一个数，并以这个数所对应的家庭成员为受访者。这一级抽样，实际上由调查员在每份问卷的调查开始前完成。

最终完成本次调查的抽样全过程。

6. 考虑到本次调查样本量较小，我们也对大部分备用样本作了采访。因此实际问卷数是 331 个

（资料来源：http://www.baidu.com）

案例思考

1. 根据上述案例资料，讨论在进行抽样设计时，需要收集哪些基本资料？
2. 在上述抽样设计方案中，运用了哪些抽样技术？
3. 在案例资料中涉及的抽样技术在实际操作中需要注意什么问题？

【实践与训练】

张明准备在大学城开一家快餐店，作为可行性研究的一部分，他需要评估人们对新快餐店的态度。本次调研要完成 200 份抽样调查，样本需要尽可能满足以下要求：

（1）性别：男性、女性各占 50%；

（2）年龄：16 岁以下占 10%；16~24 岁占 60%；25~50 岁占 20%；50 岁以上占 10%；

（3）职业：学生占 80%；非学生占 20%。

调研将通过由被调查者自填问卷的方式在大学城中央的商业区进行。请帮他拟定恰当的抽样方案，以保证样本具有较好的代表性。

第五章　问卷设计技术

【教学目的与要求】

了解调研问卷的概念及其重要性，了解调研问卷的基本结构，掌握态度测量技术和询问设计技术，了解调研问卷设计的注意事项，掌握调研问卷的设计。

【导读案例】

巧克力市场调研问卷

先生/女士：

您好！

我们受××公司委托正在进行一项有关××地区巧克力食品市场的调研。根据随机抽样的原则，您正好被我们选为调研对象，非常希望得到您的支持。卷中所提问题无所谓对错，请您根据实际情况填写。谢谢您的合作！

为了感谢您的支持，我们准备了一份小小礼物，敬请收纳。

1. 请问您上一次购买巧克力食品是在（　　）。
    A. 一年前　　　　B. 半年前　　　C. 一月前　　　　D. 几天前
    E. 不记得　　　　F. 从没买过

 选择F者请回答您不购买的原因（　　）。
    A. 巧克力太贵买不起　　　　　　B. 没有吃巧克力的习惯
    C. 讨厌巧克力的味道　　　　　　D. 从来都是别人送巧克力吃
    E. 其他（请注明）＿＿＿＿＿＿＿

2. 请问您购买巧克力一般是用来（限选1项）（　　）。
    A. 自己品尝　　B. 充饥　　　C. 家庭待客用　　D. 送礼
    E. 买给小孩作零食　F. 其他

3. 如果您选择巧克力，将最注重（限选1项）（　　）。
    A. 口味适宜　　B. 包装漂亮　　C. 有名气　　　D. 价格便宜
    E. 购买方便　　F. 其他（请注明）＿＿＿＿＿＿＿

4. 请问您购买糖果类食品一般是在（限选1项）（　　）。
    A. 百货商场　　B. 超级市场　　C. 著名食品店　　D. 一般食品店
    E. 住家附近零售店　　　　　　　F. 其他（请注明）＿＿＿＿＿＿＿

5. 请列举您购买过最多的巧克力品牌或您印象最深的巧克力品牌（可填1～3项）。

＿＿＿＿＿＿＿＿＿＿＿＿＿＿＿＿＿＿＿＿＿＿＿＿＿＿＿＿＿＿＿＿＿＿＿＿＿＿

6. 请问您是通过（　　）渠道知道这些品牌的。（可选3项）
   A. 亲朋介绍　　　　　　　　　B. 新闻报导
   C. 店内陈列　　　　　　　　　D. 售货员推荐
   E. 电视、电台广告　　　　　　F. 印刷品广告
   G. 户外广告　　　　　　　　　H. 其他（请注明）_____

7. 请问您最理想的巧克力种类是（　　）。
   A. 牛奶巧克力　　　　　　　　B. 果仁巧克力
   C. 酒心巧克力　　　　　　　　D. 苦巧克力
   E. 威化巧克力　　　　　　　　F. 其他（请注明）

8. 请问您认为最理想的巧克力口味是（　　）。
   A. 香　　　　　　　　　　　　B. 甜
   C. 苦　　　　　　　　　　　　D. 其他（请注明）_____

9. 请问您喜欢选购的巧克力包装是（　　）。
   A. 金属听装　　B. 塑料袋包装　　C. 普通纸包装　　D. 散装

10. 请您选择以下几个短语中您最熟悉的一个（　　）。
    A. 只溶在口，不溶在手　　　　B. 一粒进口，四季甜蜜
    C. 瑞士最佳风味，只给最爱的人　D. 金子般纯真
    E. 都不熟悉

11. 提起巧克力您最先想到的词有（最多选3项）（　　）。
    A. 高贵　　　B. 礼物　　　C. 童话　　　D. 肥胖
    E. 恋人　　　F. 烦躁　　　G. 牙痛　　　H. 西方
    I. 热量　　　L. 幸福　　　K. 甜蜜

12. 有以下8种说法，您对每种说法的意见是（　　）。
    A. 非常同意　　B. 比较同意　　C. 不太同意　　D. 很不同意

（1）进口产品品质一定高。
（2）男人比女人更少吃零食。
（3）产品的包装和人的衣着一样至关重要。
（4）逢年过节送点心越来越不适宜。
（5）食品还是先尝后买最合算。
（6）新鲜的东西不妨试试。
（7）名牌同其他品牌一样吸引我。
（8）不论何种品牌，只要是同类食品，品质都无多大差异。

下面请介绍一下您的个人情况。
1. 您的性别是（　　）。
   A. 男　　　　　　B. 女
2. 您的年龄是（　　）。
   A. 15岁以下　　B. 15～19岁　　C. 20～29岁　　D. 30～39岁

E. 40～49 岁　　　F. 50 岁以上
3. 您的职业是（　）。
　　　A. 学生　　　　　　　　　　B. 工人
　　　C. 国营企业管理人员　　　　D. 三资企业职员
　　　E. 个体职业者　　　　　　　F. 国家机关干部
　　　G. 科教文卫人员　　　　　　H. 其他（请注明）
4. 您的受教育程度是（　）。
　　　A. 大学本科或以上　　　　　B. 大专或中专
　　　C. 高中　　　　　　　　　　D. 初中及以下
5. 您的月平均收入是（　）。
　　　A. 2000 元以上　　　　　　 B. 1500～2000 元
　　　C. 1000～1500 元　　　　　 D. 800～1000 元
　　　E. 600～800 元　　　　　　 F. 400～600 元
　　　G. 200～400 元　　　　　　 H. 200 元以下
　　　I. 无收入

谢谢您的热情支持！

调研地点：

调研日期：

调研员：

（资料来源：http://www.sojump.com/report/602721.aspx，部分内容改编）

第一节　态度测量技术

【学习目标与要求】

● 知识点
1. 量表的含义以及量表的类别
2. 最基本的态度测量技术
3. 量表设计中的注意事项
● 技能点
1. 设计最常用的态度测量量表的能力
2. 评价、修改态度量表的能力

【讲授与训练内容】

一、测量的量表

在现代市场营销观念下，营销人员必须设法了解消费者及有关人员对产品、品牌和企业的态度。前面介绍的一些资料收集的方法，在客观资料的收集方面是非常有效的，但一般无法用来准确地测量人们的态度。因此，营销人员在营销研究的实践中逐渐形成了一些测量人们态度的特定方法和技术。

测量是指按照特定的规则对测量对象（目标、人物或事件）的某种属性赋予数字或符号，将其属性量化的过程。测量的本质是一个数字分配的过程，即用数字去反映测量对象的某种属性，进而通过属性对应的数字或统计量来研究个体或整体的性质。需要指出的是，要测量的不是对象本身，而是它们的某种属性。在营销研究中，因为更多的是测量消费者对某事物或状态的看法、偏好和意向等，所以在本部分中主要讲授态度测量的基本技术及其典型应用。

（一）态度和态度测量

在营销研究中，"态度"主要有3个方面的含义：一是指对某事物的了解和认识；二是指对某事物的偏好；三是指对未来行为或状态的预期和意向。测量是指根据预先确定的规则，用一些数字或符号来代表某个事物的特征或属性。

通过直接询问的方法常常得不到人们的真正态度，因为有些人根本就不知道他们自己的态度，或无法用语言或文字表达；观察法也不是衡量态度的有效方法，因为观察到的外在行为常常不能代表真实的态度。因此，利用某些特殊的态度测量技术是完全必要的，这就是所谓的量表。

量表的设计包括两步。第一步，设定规则，并根据这些规则为不同的态度特性分配不同的数字。第二步，将这些数字排列或组成一个序列，根据受访者的不同态度，将其在这一序列上进行定位。

量表中用数字代表态度的特性是出于两个原因：首先，数字便于统计分析；其次，数字使态度测量活动本身变得容易、清楚和明确。

（二）测量的量表

对事物的特性变量可以用不同的规则分配数字，因此形成了不同测量水平的测量量表（又可称为测量尺度）。基本的测量量表有4种，即类别量表、顺序量表、等距量表和等比量表。下面分别讨论这4种类型的量表。

1. 类别量表

类别量表中的数字分配，仅仅是用作识别不同对象或对这些对象进行分类的标记。

例如，在一个调研项目中对每个受访者进行编号，这个编号就是类别量表。

当类别量表中的数字是用于识别不同对象时，数字与对象间存在着一一对应的关系。在市场营销研究中，类别量表常用来标识不同的受访者、不同的品牌、不同的商品特性、不同的商店或其他对象等。这些对象对于该数字所代表的特征来说是同质的。

例如，将控制组标记为第一组，实验组标记为第二组。这种分类要满足互补性和完备性。

类别量表的数字不能反映对象的具体特征的性质和数量。对类别量表中的数字，只能计算发生频度，以及和频率有关的一些统计量，如百分比、众数、卡方检验、二次检验等。计算平均数是没有任何意义的。

2. 顺序量表

顺序量表是一种排序量表，分配给对象的数字表示对象具有某种特征的相对程度。顺序量表可以让我们确定一个对象是否比另一个对象具有较多（较强）或较少（较弱）的某种特征，但并不能确定多多少或少多少，顺序量表规定了对象的相对位置，但没有规定对象间差距的大小。排在第1位的对象比排在第2位的对象具有更多的某种特征，但是只多一点儿还是多了很多则无从得知。

例如，产品质量的等级、足球赛的名次等。

在顺序量表中，和类别量表一样，等价的个体有相同的名次。任何一系列数字都可用于表达对象之间已排定的顺序关系。

例如，可对顺序量表施以任何变换，只要能保持对象间基本的顺序关系。

因此，除了计算频度，顺序量表还可用来计算百分位数、四分位数、中位数、秩次数等。

3. 等距量表

等距量表也称区间量表。在等距量表中，量表上相等的数字距离代表所测量的变量相等的数量差值。等距量表包含顺序量表提供的一切信息，并且可以让我们比较对象间的差别，它就等于量表上对应数字之差。等距量表中相邻数值之间的差距是相等的，1和2之间的差距就等于2和3之间的差距，也等于5和6之间的差距。例如，温度计。

在市场营销研究中，利用评比量表得到的态度数据一般经常作为等距数据来处理。

等距量表中原点不是固定的，测量单位也是人为的。因此，等距量表可采用类别量表和顺序量表适用的一切统计方法。此外，还可以计算算术平均值、标准方差及其他有关的统计量。

4. 等比量表

等比量表具有类别量表、顺序量表、等距量表的一切特性，并有固定的原点。因此，在等比量表中，可以标识对象，将对象进行分类、排序，并比较不同对象某一变量测量值的差别。测量值之间的比值也是有意义的。不仅"2"和"5"的差别与"10"和"13"的差别相等，并且"10"是"5"的2倍，身高、体重、年龄、收入等都是等比量表的例子。市场营销研究中，销售额、生产成本、市场份额、消费者数量等变量都要用等比量表来测量。

所有的统计方法都适于等比量表，包括几何平均数的计算。遗憾的是，等比量表对态度测量并没有太大的用处。

二、基本的测量技术

前面已介绍了测量量表的4种类型，接下来将讨论一些在市场营销研究中应用广泛的量表技术。如前所述，量表作为一种测量工具，它试图确定主观的、有时是抽象的定量化测量程序，即用数字来代表测量对象的某一特性，从而对测量对象的不同特性以多个不同的数字来表示的过程，根据要测量的概念或对象的复杂性和不确定性，量表既表现为4种不同的测量水平，又有一维量表与多维量表之分，主要讨论用于态度测量的一维顺序量表和等距量表。

1. 评价量表

评价量表也叫评比量表，它是由研究人员事先将各种可能的选择标示在一个评价量表上，然后要求应答者在测量表上指出他（她）的态度或意见。根据量表的形式，评价量表又分为图示评价量表和列举评价量表。一般图示评价量表要求应答者在一个有两个固定端点的图示连续体上进行选择；列举评价量表则是要求应答者在有限类别的表格标记中进行选择。评价量表获得的数据通常作为等距数据使用和处理。表 5-1 给出了一些图示评价量表和列举评价量表的例子。

表 5-1 评价量表实例

量表 A	不喜欢 ———————————— 喜欢
量表 B	不喜欢 1 2 3 4 5 6 7 8 9 10 11 喜欢
量表 C	☹ 1 2 3 4 5 6 7 8 9 10 11 ☺ 不喜欢 　　　　　　　　　　　　喜欢

量表 A 是最简单的一种形式，应答者只需根据自己的喜好程度在连续直线的适当位置作出标记，然后研究整体的反应分布及研究目标的要求，将直线划分为若干部分，每个部分代表一个类别，并分配给一个对应的数字。量表 B 事先在连续体上已标出刻度并分配了相应的数字，应答者在适当位置作出反应标记即可。量表 C 在本质上与量表 B 没什么区别，但是由于在连续体两端分别增加了对应的哭脸和笑脸，使量表更具有生动性和趣味性。

表 5-1 中量表 A 和量表 B 都是列举评价量表最普通的一种形式，此时访问人员通常向应答者出示一个基本量表的复制卡片，卡片上标有相应的有限选择答案，在访问人员读出一个选项时应答者作出自己的选择。整个调研问卷中选项的起始位置是循环的，因为相同的起点会给应答者带来影响，可能成为误差的一个来源。量表 C 适用于针对儿童进行的调研，"小人头"的表情有助于儿童的理解和反应，同时也增加了调研的趣味性。

列举评价量表比图示评价量表容易构造和操作。研究表明，在可靠性方面也比图示评价量表要好，但是不能像图示评价量表那样衡量出客体的细微差别。总体上讲，评价量表有许多优点：省时、有趣、用途广、可以用来处理大量变量等，因此在市场营销研究中被广泛采用。但是这种方法也可能会产生仁慈误差、中间倾向误差、晕轮效果等常见误差。

2. 等级量表

等级量表是一种顺序量表，它是将许多研究对象同时展示给受测者，并要求他们根据某个标准对这些对象排序或分成等级。例如，要求受访者根据总体印象对不同品牌的商品进行排序。典型地，这种排序要求受测者对他们认为最好的品牌排"1"号，次好的排"2"号，依次类推，直到量表中列举出的每个品牌都有了相应的序号为止。一个序号只能用于一种品牌。

等级量表也是使用很广泛的一种态度测量技术，这种题目容易设计，受测者也比较容易掌握回答的方法。等级量表强迫受测者在一定数目的评价对象中作出比较和选择，从而得到对象间相对性或相互关系的测量数据。等级法也比较节省时间。

等级量表最大的缺点在于只能得到顺序数据，因此不能对各等级间的差距进行测量，同时卡片上列举对象的顺序也有可能带来所谓顺序误差。此外，用于排序的对象个数也不能太多，一般要少于 10 个；否则很容易出现错误、遗漏。

3. 配对比较量表

在配对比较量表中，受测者被要求对一系列对象两两进行比较，根据某个标准在两个被比较的对象中做出选择。配对比较量表也是一种使用很普遍的态度测量方法。它实际上是一种特殊的等级量表，不过要求排序的是两个对象，而不是多个。配对比较方法克服了等级排序量表存在的缺点：首先，对受测者来说，从一对对象中选出一个肯定比从一大组对象中选出一个更容易；其次，配对比较也可以避免等级量表的顺序误差。但是，因为一般要对所有的配对进行比较，所以对于有 n 个对象的情况，要进行 $n(n-1)/2$ 次配对比较，是关于 n 的一个几何级数。因此，被测量对象的个数不宜太多，以免使受测者产生厌烦而影响应答的质量。表 5-2 是一个配对比较量表的例子。

表 5-2 配对比较量表实例

下面是 10 对牙膏的品牌，对于每一对品牌，请指出你更喜欢其中的哪一个。在选中的品牌旁边□处打钩（√）。

10 对牙膏品牌配对比较	
①佳洁士□	高露洁□
②佳洁士□	两面针□
③佳洁士□	中华□
④佳洁士□	竹盐□
⑤高露洁□	两面针□
⑥高露洁□	中华□
⑦高露洁□	竹盐□
⑧两面针□	中华□
⑨两面针□	竹盐□
⑩中华□	竹盐□

访问结束之后，可以将受测者的回答整理成表格的形式，表 5-3 是根据某受访者的回答整理得到的结果。表中每一行列交叉点上元素表示该行的品牌与该列的品牌进行比较的结果，其中元素"1"表示受测者更喜欢这一列的品牌，"0"表示受测者更喜欢这一行的品牌。将各

列取值进行加总，得到表中合计栏，这表明各列的品牌比其他品牌更受偏爱的次数。

表 5-3 根据配对比较量表得到的品牌偏好矩阵

	佳洁士	高露洁	两面针	中 华	竹 盐
佳洁士	/	0	0	1	0
高露洁	1	/	0	1	1
两面针	1	1	/	1	1
中 华	0	0	0	/	0
竹 盐	1	1	0	1	/
合 计	3	2	0	4	1

从表 5-3 中看到该受测者在佳洁士牙膏和高露洁牙膏中更偏爱前者（第二行第一列数字为 1）。在"可传递性"的假设下，可将配对比较的数据转换成等级顺序。所谓"可传递性"是指，如果一个人喜欢 A 品牌甚于 B 品牌，喜欢 B 品牌甚于 C 品牌，那么他一定喜欢 A 品牌甚于 C 品牌。将表 5-3 所示的各列数字分别加总，计算出每个品牌比其他品牌更受偏爱的次数，就得到该受测者对于 5 个牙膏品牌的偏好，从最喜欢到最不喜欢，依次是中华、佳洁士、高露洁、竹盐和两面针。假设调研样本容量为 100 人，将每个人的回答结果进行汇总，将得到表 5-4 所示的次数矩阵。再将次数矩阵变换成比例矩阵（用次数除以样本数），如表 5-5 所示，在品牌自身进行比较时，令其比例为 0.5。

表 5-4 品牌偏好次数矩阵（臆造）

	佳洁士	高露洁	两面针	中 华	竹 盐
佳洁士	/	20	30	15	20
高露洁	80	/	50	40	65
两面针	70	50	/	60	45
中 华	85	60	40	/	75
竹 盐	80	35	55	25	/

从表 5-5 中的合计栏中可以看出，5 个品牌中佳洁士牌牙膏被认为是最好的，两面针次之，再次是竹盐和高露洁，中华最差。但这是一个顺序量表，只能比较各品牌的相对位置，不能认为"佳洁士牙膏比竹盐要好 1.1，两面针要比高露洁好 0.1"。要想衡量各品牌偏好间的差异程度必须先将其转化为等距量表，这里就不再深入讨论了。

表 5-5 品牌偏好比例矩阵（臆造）

	佳洁士	高露洁	两面针	中　华	竹　盐
佳洁士	0.50	0.20	0.30	0.15	0.20
高露洁	0.80	0.50	0.50	0.40	0.65
两面针	0.70	0.50	0.50	0.60	0.45
中　华	0.85	0.60	0.40	0.50	0.75
竹　盐	0.80	0.35	0.55	0.25	0.50
合　计	3.65	2.15	2.25	1.90	2.55

当要评价对象的个数不多时，配对比较法是有用的。但如果要评价的对象超过 10 个，这种方法就太麻烦了。另一个缺点是"可传递性"的假设可能不成立，在实际研究中这种情况常常发生。同时列举的顺序可能影响受测者，造成顺序反应误差。而且这种"二中选一"的方式和实际生活中作购买选择的情况也不太相同，受访者可能在 A、B 两种品牌中对 A 要略为偏爱些，但实际上却两个品牌都不喜欢。

4. 沙氏通量表

在市场营销研究中，经常涉及对某一主题的态度测量，如人们对于电视商业广告的态度、对人寿保险的态度等。沙氏通量表通过应答者在若干（一般为 9～15 条）与态度相关的语句中选择是否同意的方式，获得应答者关于主题的看法。沙氏通量表的实地测试和统计汇总都很简单，只是量表的制作相对来说比较麻烦。一个测量态度的沙氏通量表，其制作的基本步骤如下：

（1）收集大量的与要测量的态度有关的语句，一般应在 100 条以上，保证其中对主题不利的、中立的和有利的语句都占有足够的比例，并将其分别写在特制的卡片上。

（2）选定 20 人以上的评定者，按照各条语句所表明的态度有利或不利的程度，将其分别归入 11 类。第一类代表最不利的态度，依次递推，……，第六类代表中立的态度，……，第十一类代表最有利的态度。

（3）计算每条语句被归在这 11 类中次数分布。

（4）删除那些次数分配过于分散的语句。

（5）计算各保留语句的中位数，并将其按中位数进行归类，如果中位数是 n，则该态度语句归到第 n 类。

（6）从每个类别中选出一、二条代表语句（各评定者对其分类的判断最为一致的），将这些语句混合排列，即得到所谓的沙氏通量表。

表 5-6 给出了一个典型的沙氏通量表所包含的 11 条态度语句。沙氏通量表通常在设计时，将有关态度语句划分为 11 类，其实并不一定非要划分成 11 类不可，多些少些都可以，但最好划分成奇数个类别，以中点作为中间立场。分类后在每个类别中至少选择一条代表语句，

也可以选择多于一条语句,这样组成的沙氏通量表就不止包含与类别数相同的语句,可能达20多条态度语句,但一般来讲,在每个类别中选择多条语句没有特别的必要。

表5-6 典型的沙氏通量表

电视商业广告态度测量的沙氏通量表
1. 所有的电视商业广告都应该由法律禁止
2. 看电视广告完全是浪费时间
3. 大部分电视商业广告是非常差的
4. 电视商业广告枯燥乏味
5. 电视商业广告并不过分干扰欣赏电视节目
6. 对大多数电视商业广告我无所谓好恶
7. 我有时喜欢看电视商业广告
8. 大多数电视商业广告是挺有趣的
9. 只要有可能,我喜欢购买在电视上看到过广告的商品
10. 大多数电视商业广告能帮助人们选择更好的商品
11. 电视商业广告比一般的电视节目更有趣

沙氏通量表制作比较麻烦,但使用操作很简单,只要求受测者指出通量表中他同意的陈述或语句。每条语句根据其类别都有一个分值,量表中的语句排列可以是随意的,但每个受测者都应该只同意其中的分值相邻的几个意见,如果在实际中一个受测者的语句或意见其分值过于分散,则判定此人对测量的问题没有一个明确一致的态度,或者沙氏通量表的制作本身可能存在问题。

沙氏通量表根据受测者所同意的陈述或意见的分值,通过分值平均数的计算求得受测者的态度分数。例如,某人同意第8条意见,他的态度分数就是8,如果同意7、8、9三条意见,他的态度分数为(7+8+9)/3=8。在上例中,分数越高,说明受测者对某一问题持有的态度越有利;分数越低,说明持有的态度越不利。沙氏通量表是顺序量表,可以用两个受测者的态度分数比较他们对某一问题所持态度的相对有利和不利的情况,但不能测量其态度的差异大小。

沙氏通量表在市场营销研究中使用得不是太多,主要原因是沙氏通量表的制作非常麻烦,即使单一主题的沙氏通量表制作也要耗费大量的时间,对于多个主题的沙氏通量表制作就更加困难。另外,不同的人即使态度完全不同,也有可能获得相同的分数。例如,一个人同意第5条意见,得5分,另一个人同意第3、4、8条意见,也得5分。再有,沙氏通量表无法获得受测者对各条语句同意或不同意程度的信息,这也是其缺点之一。

5. 李克特量表

李克特量表形式上与沙氏通量表相似,都要求受测者对一组与测量主题有关陈述语句发表自己的看法。它们的区别是,沙氏通量表只要求受测者选出他所同意的陈述语句,而李克特量表要求受测者对每一个与态度有关的陈述语句表明他同意或不同意的程度。另外,沙氏通量表中的一组有关态度的语句按有利和不利的程度都有一个确定的分值,而李克特量表仅仅需要对态度语句划分是有利还是不利，以便事后进行数据处理。李克特量表制作的基本步骤如下：

（1）收集大量（50~100 条）与测量的概念相关的陈述语句。

（2）有研究人员根据测量的概念将每个测量的项目划分为"有利"或"不利"两类，一般测量的项目中有利的或不利的项目都应有一定的数量。

（3）选择部分受测者对全部项目进行预先测试，要求受测者指出每个项目是有利的或不利的，并在下面的方向－强度描述语中进行选择，一般采用所谓"五点"量表：

A．非常同意　B．同意　C．无所谓（不确定）　D．不同意　E．非常不同意

（4）对每个回答给一个分数，如从非常同意到非常不同意的有利项目分别为 1、2、3、4、5 分，对不利项目的分数就为 5、4、3、2、1。

（5）根据受测者的各个项目的分数计算代数和，得到个人态度总得分，并依据总分多少将受测者划分为高分组和低分组。

（6）选出若干条在高分组和低分组之间有较大区分能力的项目，构成一个李克特量表。可以计算每个项目在高分组和低分组中的平均得分，选择那些在高分组平均得分较高并且在低分组平均得分较低的项目。

李克特量表的制作比较简单，而且易于操作，因此在市场营销研究实务中应用非常广泛。在实地调研时，研究者通常给受测者一个"回答范围"卡，请他从中挑选一个答案。需要指出的是，目前在市场调研中很少按照上面给出的步骤来制作李克特量表，通常由客户项目经理和研究人员共同研究确定。表 5-7 是一个利用李克特量表测量人们对某商场态度的例子。

表 5-7　测量对商场态度的李克特量表

（出示卡片 A）下面是对 A 商场的一些不同的意见，请指出您对这些意见同意或不同意的程度，1 表示非常不同意、2 表示不同意、3 表示无所谓、4 表示同意、5 表示非常同意。

	非常不同意	不同意	无所谓	同意	非常同意
A 商场出售高质量的商品	1	2	3	4	5
A 商场的服务很差劲	1	2	3	4	5
我喜欢在 A 商场买东西	1	2	3	4	5
A 商场没有提供足够的品牌选择	1	2	3	4	5
大多数人都爱在 A 商场买东西	1	2	3	4	5
A 商场的信用制度很糟糕	1	2	3	4	5
A 商场出售的商品种类很多	1	2	3	4	5
我不喜欢 A 商场做的广告	1	2	3	4	5
A 商场的商品价格公道	1	2	3	4	5
A 商场的购物环境很差	1	2	3	4	5

卡片 A

1 表示非常不同意　2 表示不同意　3 表示无所谓　4 表示同意　5 表示非常同意

在李克特量表中,受访者要对每一条语句分别表示同意的程度。一般采用 5 级:非常同意、同意、无所谓、不同意和非常不同意,当然也可以是相反的顺序,如 1 表示非常不同意,5 表示非常同意等。可以将各数字代表的含义在题目开头给出,然后让受访者根据对每个陈述语句同意程度填写 1~5 中的某个数字,但更常用的一种格式是将 1~5 分别列在每个陈述语句的后面,让受访者根据自己同意或不同意的程度在相应的数字上打钩或画圈。后一种方式看起来不太简洁,但更便于受访者理解和回答。

在数量处理时,对于受访者对每条态度语句的回答分配一个权值,可以是从 1 到 2,也可以是 1 到 5。可以汇总计算每条态度语句的得分,从而了解受访者群体对测量对象各方面的态度;也可以计算每个受访者对测量对象的态度总分,以了解不同受访者对受测对象的不同态度。值得注意的是,陈述语句本身是有态度倾向的,有利或不利,对于"有利"的态度是回答"非常同意"和对"不利"的态度语句回答"非常不同意"都应该打 5 分。在表 5-7 所示的李克特量表中,如果高分代表有利的态度,就要对第 2 条、第 5 条、第 7 条和第 10 条语句的得分作逆向处理,将 1 变为 5,2 变为 4,4 变为 2,5 变为 1,3 保持不变。具有最高得分的受访者对 A 商场持最有利的态度。

在市场营销研究中,李克特量表的使用十分普遍,因为它比较容易设计和处理,受访者也容易理解,因此在邮寄访问、电话访问和人员访问中都适用。李克特量表的主要缺点是回答时间长,因为受访者需要阅读每条态度陈述语句。

李克特量表是顺序量表,每条态度陈述语句的得分及每个受访者的态度分数都只能用作比较态度有利或不利程度的等级,不能测量态度之间的差异。

6. 语意差异量表

在市场研究中,常常需要知道某个事物在人们心中的形象,语意差异法就是一种常用的测量事物形象的方法。语意差异法可以用于测量人们对商品、品牌、商店的印象。

在设计语意差异量表(Semantic Differentialscale)时,首先要确定和测量与对象相关的一系列属性,对于每个属性,选择一对意义相对的形容词,分别放在量表的两端,中间划分为 7 个连续的等级。受访者被要求根据他们对被测对象的看法评价每个属性,在合适的等级位置上做标记。表 5-8 是一个应用语意差异法测量受访者对商场印象的例子。

表 5-8 测量人们对商场印象的语意差别量表实例

如你对 A 商的看法怎样?下面是一系列评价标准,每个标准两端是两个描述它的形容词,这两个形容词的意义是相反的。用这些标准来评价 A 商场,在你认为合适的地方打钩。请注意不要漏掉任何一项标准。

你认为 A 商场是:

可靠的————不可靠
时髦————过时
方便————不方便
态度友好————不友好
昂贵————便宜
选择多————选择少

带有否定含义的形容词有时放在量表左边，有时放在右边。习惯上，在语意差别量表的形容词中，大约一半是将肯定的词放在左边，另一半将否定的词放在左边。这样可以减少反应误差。项目的排列顺序是随机的。

由于功能的多样性，语意差别量表被广泛地用于市场研究，用于比较不同品牌商品、商场的形象，以及帮助制定广告等战略、促销战略和新产品开发计划。

三、量表设计中应注意的问题

在前面讨论的态度测量技术中，测量态度的量表可采用不同的形式。在设计研究所需要的量表时，必须考虑以上6个主要的问题：量级层次的个数；采用平衡的还是不平衡的量表；采用奇数个还是偶数个量级层次；采用强迫性量表还是非强迫性量表；量级层次的描述方式；量表的形式。

（一）量级层次的个数

在决定量级层次的个数时，要考虑两个方面的因素。首先量级越多，对测量对象的评价就越精确；其次，大多数受访者只能应付较少的类别。一般认为合适的量级层次数是7个，或增减两个，即从5层到9层。但是并不能简单地规定几个量级层次是最优的。决定最优的量级层次数要考虑许多因素。如果受访者对调研感兴趣，并且对于要测量的对象拥有足够多的知识，可以采用较多的量级层次；反之，如果受访者对测量对象的知识有限并且对研究不太感兴趣，就应该用较少的量级层次。测量对象的性质也对量级层次数有影响。有些测量对象本身不太容易作精细的分辨，因此少数几个量级层次就足够了。另一个重要的影响因素是数据收集方法。电话访问中，层次不能多，否则会把受访者搞糊涂；邮寄访问中，层次数要受到纸张大小的限制。数据分析的方法也会影响量级层次的数目。如果只需作简单的统计分析，分成5层就足够了；而如果要进行复杂的统计计算，可能需要7个或更多的层次。

（二）采用平衡的还是不平衡的量表

在平衡量表中，"有利"的层次数和"不利"的层次数是相等的，而在不平衡量表中，它们是不等的。一般来说，为了保证结果数据的客观性，应该采用平衡量表。但在某些情况下，回答的分布很可能向"有利"或"不利"的方向偏斜，这时，就可以采用不平衡量表，在偏斜的一方多设几个层次。如果采用不平衡量表，在数据分析时要考虑到量级层次不平衡的方向和程度。

（三）采用奇数还是偶数个量级层次

对于奇数个层次的量表，中间位置一般被设计成中立的或是无偏好的选项。中立的选项可能会带来很大的反应偏差，因为有许多人在拿不准自己的感觉、不了解被测对象或不愿意表露态度时倾向于选择这种较"保险"的答案。

到底采用奇数层次还是偶数层次取决于是否有反应者会对被测对象持中立态度。即使只有少数持中立态度的反应者，也必须使用奇数层次的量表。否则，如果调研人员相信没有反应者会持中立态度，或是想要强迫受访者作出有利或不利的选择，就应该使用偶数层次的量表。与此相关的一个问题是，是采用强迫性的还是非强迫性的量表。

（四）采用强迫性量表还是非强迫性量表

在强迫性量表中，没有"没有意见"这样的选项，受访者被迫表达自己的意见。在这种情况下，确定没有意见的受访者不得不选择一个答案，通常是靠近中间位置的答案。如果有相当多的受访者对题目的主题没有意见，将会引起测量结果的偏差。而反应者并非没有意见，只是不愿意暴露时，强迫选择将能提高量表测量结果的精确性。

（五）量级层次的描述方式

量级层次有许多种不同的描述方式，这些方式可能会对测量结果产生影响。量级层次可以用文字、数字甚至图形来描述。而且，调研人员还必须决定是标记全部层次、部分层次还是只标记两极的层次。对每个量级层次加以标记并不能提高收集数据的准确性和可靠性，但却能够减少理解量表的困难。对于量级层次的描述应尽可能靠近各层次。

对量表两极进行标记时所使用的形容词的强度对测量的结果会有所影响。使用语气强烈的形容词，如 1 表示完全不同意、7 表示完全同意，受访者不大可能会选择靠近两端的答案，结果的分布将比较陡峭和集中。而使用语气较弱的形容词，如 1 表示基本不同意，7 表示基本同意，将得到较为扁平和分散的结果分布。

（六）量表的形式

同一个量表可以用多种形式表达。量表可以是水平的、直的。量级层次可以用方框、线段、数轴上的点表示，各层次可以标记数字，也可以不标记。如果用数字标记量级层次，可以使用正数、负数或是都用。

市场研究中，有时使用两种特殊形式的量表。一种是温度计量表，温度越高，表明态度越有利；另一种是脸谱量表，脸的表情越愉快，表明态度越有利。这两种量表适合于受访者是儿童的情况。

第二节　询问设计技术

【学习目标与要求】

- 知识点
1. 调研问卷中常见问题的类别
2. 最基本的询问设计技术
3. 询问设计中的注意事项
- 技能点
1. 根据实际需要设计问题的能力
2. 评价、修改特定调研问卷中不同类别问题的能力

【讲授与训练内容】

一、问题的主要类型及询问方式

调研问卷的语句由若干个问题构成，问题是调研问卷的核心，在进行调研问卷设计时，必须对问题的类别和提问方法仔细考虑，否则会使整个调研问卷产生很大的偏差，导致市场

调研的失败。因此，在设计调研问卷时，应对问题有较清楚的了解，并善于根据调研目的和具体情况选择适当的询问方式。

1. 直接性问题、间接性问题和假设性问题

（1）直接性问题是指在调研问卷中能够通过直接提问方式得到答案的问题。直接性问题通常给回答者一个明确的范围，所问的是个人基本情况或意见。

例如，"您的年龄"、"您的职业"、"您最喜欢的洗发水是什么牌子的？"等，这些都可获得明确的答案。

这种提问对统计分析比较方便，但遇到一些窘迫性问题时，采用这种提问方式，可能无法得到所需要的答案。

（2）间接性问题是指那些不宜于直接回答，而采用间接地提问方式得到所需答案的问题。通常是指那些被调研者因对所需回答的问题产生顾虑，不敢或不愿真实地表达意见的问题。调研者不应为得到直接的结果而强迫被调研者，使他们感到不愉快或难堪。这时，如果采用间接回答方式，使被调研者认为很多意见已被其他调研者提出来了，他所要做的只不过是对这些意见加以评价罢了，这样，就能排除调研者和被调研者之间的某些障碍，使被调研者有可能对已得到的结论提出自己不带掩饰的意见。

例如，"您认为妇女的权利是否应该得到保障？"大多数人都会回答，"是"或"不是"。而实际情况则表明许多人对妇女权利有着不同的看法。如果改问：

"A：有人认为妇女权利应该得到保障的问题应该得到重视。"

"B：另一部分人认为妇女权利问题并不一定需要特别提出。"

您认为哪些看法更为正确？

对 A 种看法的意见：

①完全同意；②有保留的同意；③不同意。

对 B 种看法的意见：

①完全同意；②有保留的同意；3 不同意。

采用这种提问方式会比直接提问方式收集到更多的信息。

（3）假设性问题是通过假设某一情景或现象存在而向被调研者提出的问题。

例如，"有人认为目前的电视广告过多，您的看法如何？""如果在购买汽车和住宅中您只能选择一种，您可能会选择何种？"这些语句都属于假设性提问。

2. 开放性问题和封闭性问题

（1）开放性问题是指所提出问题并不列出所有可能的答案，而是由被调研者自由做答的问题。开放性问题一般提问比较简单，回答比较真实，但结果难以作定量分析，在对其作定量分析时，通常是将回答进行分类。

（2）封闭性问题是指已事先设计了各种可能的答案的问题，被调研者只要或只能从中选定一个或几个现成答案的提问方式。封闭性问题由于答案标准化，不仅回答方便，而且易于进行各种统计处理和分析。但缺点是回答者只能在规定的范围内被迫回答，无法反映其他各种有目的的、真实的想法。

3. 事实性问题、行为性问题、动机性问题、态度性问题

（1）事实性问题是要求被调研者回答一些有关事实性的问题。

例如，"您通常什么时候看电视？"等。

这类问题的主要目的是为了获得有关事实性资料。因此，问题的意见必须清楚，使被调研者容易理解并回答。

通常在一份调研问卷的开头和结尾都要求回答者填写其个人资料，如职业、年龄、收入、家庭状况、教育程度、居住条件等，这些问题均为事实性问题，对此类问题进行调研，可为分类统计和分析提供资料。

（2）行为性问题是对回答者的行为特征进行调研。

例如，"您是否拥有XX物？""您是否做过某事？"

（3）动机性问题是为了解被调研者行为的原因或动机问题。

例如，"为什么购某物？为什么做某事？"等。

在提动机性问题时，应注意人们的行为可以是有意识动机，也可以是半意识动机或无意识动机产生的。对于前者，有时会因种种原因不愿真实回答；对于后两者，因回答者对自己的动机不十分清楚，也会造成回答的困难。

（4）态度性问题是关于对回答者的态度、评价、意见等问题。

例如，"您是否喜欢XX牌子的自行车？"等。

以上是从不同的角度对各种问题所做的分类。应该注意的是，在实际调研中，几种类型的问题往往是结合使用的。在同一个调研问卷中，既有开放性问题，也有封闭性问题。甚至同一个问题中，也可将开放性问题与封闭性问题结合起来，组成结构式问题。

例如，"您家里目前有空调吗？有____，无____；若有，是什么牌子的？"。

同样，事实性问题既可采取直接提问方式，对于回答者不愿直接回答的问题，也可以采取间接提问方式，调研问卷设计者可以根据具体情况选择不同的提问方式。

二、问句的答案设计

在市场调研中，无论是何种类型的问题，都需要事先对问句答案进行设计。在设计答案时，可以根据具体情况采用不同的设计形式。

1. 二项选择法

二项选择法也称真伪法或二分法，是指提出的问题仅有两种答案可以选择，"是"或"否"，"有"或"无"等。这两种答案是对立的、排斥的，被调研者的回答非此即彼，不能有更多的选择。

例如，"您家里现在有吸尘器吗？"

答案只能是"有"或"无"。

这种方法的优点是：易于理解和可迅速得到明确的答案，便于统计处理，分析也比较容易。但回答者没有进一步阐明理由的机会，难以反映被调研者意见与程度的差别，了解的情况也不够深入。这种方法适用于互相排斥的两项择一式问题，及询问较为简单的事实性问题。

2. 多项选择法

多项选择法是指所提出的问题事先预备好两个以上的答案，回答者可任选其中的一项或几项。

例如，"您喜欢下列哪一种牌号的牙膏？"（在您认为合适的□内划√）

中华□　　芳草□　　洁银□　　康齿灵□　　美加净□　　黑妹□

由于所设答案不一定能表达出填表人所有的看法，所以在问题的最后通常可设"其他"项目，以便使被调研者表达自己的看法。

这个方法的优点是比二项选择法的强制选择有所缓和，答案有一定的范围，也比较便于统计处理。但采用这种方法时，设计者要考虑以下两种情况：

（1）要考虑到全部可能出现的结果，及答案可能出现的重复和遗漏。

（2）要注意根据选择答案的排列顺序。有些回答者常常喜欢选择第一个答案，从而使调研结果发生偏差。此外，答案较多，使回答者无从选择，或产生厌烦。一般这种多项选择答案应控制在8项以内，当样本量有限时，多项选择易使结果分散，缺乏说服力。

3. 顺位法

顺位法是列出若干项目，由回答者按重要性决定先后顺序，顺位方法主要有两种：一种是对全部答案排序；另一种是只对其中的某些答案排序，究竟采用何种方法，应由调研者来决定。具体排列顺序，则由回答者根据自己所喜欢的事物和认识事物的程度等进行排序。

例如，"您选购空调的主要条件是（请将所给答案按重要顺序1，2，3，…填写在框中）

价格便宜□　　外形美观□　　维修方便□

牌子有名□　　经久耐用□　　噪声低□

制冷效果□　　其他□

顺位法便于被调研者对其意见、动机、感觉等做衡量和比较性的表达，也便于对调研结果加以统计。但调研项目不宜过多，过多则容易分散，很难顺位，同时所询问的排列顺序也可能对被调研者产生某种暗示影响。

这种方法适用于对要求答案有先后顺序的问题。

4. 回忆法

回忆法是指通过回忆，了解被调研者对不同商品质量、牌子等方面印象的强弱。

例如，"请您举出最近在电视广告中出现的电冰箱有哪些牌子"。调研时可根据被调研者所回忆牌号的先后和快慢以及各种牌号被回忆出的频率进行分析研究。

5. 比较法

比较法是采用对比提问方式，要求被调研者作出肯定回答的方法。

例如，"请比较下列不同牌号的可乐饮料，哪种更好喝？"（在各项您认为好喝的牌子方格□中划√）

黄山□　　天府□

天府□　　百龄□

百龄□　　奥林□

奥林□　　可口□

　　　　　可口□　　　百事□
　　　　　百事□　　　黄山□

比较法适用于对质量和效用等问题作出评价。应用比较法要考虑被调研者对所要回答问题中的商品品牌等项目是否相当熟悉，否则将会导致空项发生。

　　6. 自由回答法

自由回答法是指提问时可自由提出问题，回答者可以自由发表意见，并无已经拟定好的答案。

　　例如，"您觉得软包装饮料有哪些优、缺点？""您认为应该如何改进电视广告？"等。

这种方法的优点是涉及面广，灵活性大，回答者可以充分发表意见，可为调研者搜集到某种意料之外的资料，缩短问者和答者之间的距离，迅速营造一个调研气氛。缺点是由于回答者提供答案的想法和角度不同，因此在答案分类时往往会出现困难，资料较难整理，还可能因回答者表达能力的差异形成调研偏差。同时，由于时间关系或缺乏心理准备，被调研者往往放弃回答或答非所问，因此，此种问题不宜过多。这种方法适用于那些不能预期答案或不能限定答案范围的问题。

　　7. 过滤法

过滤法又称"漏斗法"，是指最初提出的是离调研主题较远的广泛性问题，再根据被调研者回答的情况，逐渐缩小提问范围，最后有目的地引向要调研的某个专题性问题。这种方法询问及回答比较自然、灵活，使被调研者能够在活跃的气氛中回答问题，从而增强双方的合作，获得回答者较为真实的想法。但要求调研人员善于把握对方心理，善于引导并有较高的询问技巧。此方法的不足是不易控制调研时间。这种方法适合于被调研者在回答问题时有所顾虑，或者一时不便于直接表达对某个问题的具体意见时所采用。

　　例如，对那些涉及被调研者自尊或隐私等问题，如收入、文化程度、妇女年龄等，可采取这种提问方式。

三、询问设计应注意的几个问题

对询问设计总的要求是：调研问卷中的问句表达要简明、生动，注意概念的准确性，避免提似是而非的问题，具体应注意以下几点：

　　1. 避免提一般性的问题

一般性问题对实际调研工作并无指导意义。

　　例如，"您对某百货商场的印象如何？"这样的问题过于笼统，很难达到预期效果，可具体提问："您认为某百货商场商品品种是否齐全、营业时间是否恰当、服务态度怎样？"等。

　　2. 避免用不确切的词

例如，"普通"、"经常"、"一些"等，以及一些形容词，如"美丽"等。这些词语，各人理解往往不同，在调研问卷设计中应避免或减少使用。例如，"你是否经常购买洗发液？"回答者不知经常是指一周、一个月还是一年，可以改问："你上月共购买了几瓶洗发液？"

　　3. 避免使用含糊不清的句子

例如，"你最近是出门旅游，还是休息？"出门旅游也是休息的一种形式，它和休息并不存在选择关系，正确的问法是："你最近是出门旅游，还是在家休息？"

4. 避免引导性提问

如果提出的问题不是"中立"的，而是暗示出调研者的观点和见解，力求使回答者跟着这种倾向回答，这种提问就是"引导性提问"。

例如，"消费者普遍认为XX牌子的冰箱好，你的印象如何？"

引导性提问会导致两个不良后果：一是被调研者不加思考就同意所引导问题中暗示的结论；二是由于引导性提问大多是引用权威或大多数人的态度，被调研者考虑到这个结论既然已经是普遍的结论，就会产生心理上的顺向反应。此外，对于一些敏感性问题，在引导性提问下，不敢表达其他想法等。因此，这种提问是调研的大忌，常常会引出和事实相反的结论。

5. 避免提断定性的问题

例如，"你一天抽多少支烟？"这种问题即为断定性问题，被调研者如果根本不抽烟，就会造成无法回答。正确的处理办法是此问题可加一条"过滤"性问题。即"你抽烟吗？"如果回答者回答"是"，可继续提问，否则就可终止提问。

6. 避免提令被调研者难堪的问题

如果有些问题非问不可，也不能只顾自己的需要穷追不舍，应考虑回答者的自尊心。

例如，"您是否离过婚？离过几次？谁的责任？"等。又如，直接询问女士年龄也是不太礼貌的，可列出年龄段：20岁以下，20~30岁，31~40岁，40岁以上，由被调研者挑选。

7. 问句要考虑到时间性

时间过久的问题易使人遗忘。

例如，"您去年家庭的生活费支出是多少？用于食品、衣服分别为多少？"除非被调研者连续记账，否则很难回答出来。一般可问："您家上月生活费支出是多少？"显然，这样缩小时间范围可使问题回忆起来较容易，答案也比较准确。

8. 拟定问句要有明确的界限

对于年龄、家庭人口、经济收入等调研项目，通常会产生歧义的理解，如年龄有虚岁、实岁，家庭人口有常住人口和生活费开支在一起的人口，收入是仅指工资，还是包括奖金、补贴、其他收入、实物发放折款收入在内，如果调研者对此没有很明确的界定，调研结果也很难达到预期要求。

9. 问句要具体

一个问句最好只问一个要点，一个问句中如果包含过多询问内容，会使回答者无从答起，给统计处理也带来困难。

例如，"您为何不看电影而看电视？"这个问题包含了"您为何不看电影？""您为何要看电视？"和"什么原因使您改看电视？"等。

防止出现此类问题的办法是分离语句中的提问部分，使得一个语句只问一个要点。

10. 要避免问题与答案不一致

所提问题与所设答案应做到一致。

例如，"您经常看哪个栏目的电视？"

①经济生活；②电视红娘；③电视商场；④经常看；⑤偶尔看；⑥根本不看。

第三节 问卷的设计

【学习目标与要求】

● 知识点
1. 调研问卷的含义以及调研问卷的类别、格式
2. 设计调研问卷的原则和程序
3. 调研问卷设计中的注意事项

● 技能点
1. 设计整体调研问卷的能力
2. 评价、修改调研问卷的能力

【讲授与训练内容】

一、调研问卷的定义与类型

（一）定义

在现代市场调研中，应有事先准备好的询问提纲或调研问卷作为调研的依据，这些文件统称调研问卷，是调研者根据一定的调研目的精心设计的一份调研问卷格式，是现代社会用于收集资料的一种最为普遍的工具。

它系统地记载了所需调研的具体内容，是了解市场信息资料、实现调研目的和任务的一种重要形式。采用调研问卷进行调研是国际通行的一种调研方式，也是我国近年来推行最快、应用最广的一种调研手段。

（二）类型

按照不同的分类标准，可将调研问卷分成不同的类型：

（1）根据市场调研中使用问卷方法的不同，可将调研问卷分成自填式问卷和访问式问卷两大类。

1）自填式问卷，是指由调研者发给（或邮寄给）被调研者，由被调研者自己填写的问卷。

2）访问式问卷，则是由调研者按照事先设计好的问卷或问卷提纲向被调研者提问，然后根据被调研者的回答填写的问卷。

一般而言，访问式问卷要求简便，最好采用两项选择题进行设计；而自填式问卷由于可以借助于视觉功能，在问题的制作上相对可以更加详尽、全面。

（2）根据问卷发放方式的不同，可将调研问卷分为送发式问卷、邮寄式问卷、报刊式问卷、人员访问式问卷、电话访问式问卷和网上访问式问卷 6 种。其中前 3 类大致可以划归自填式问卷范畴，后 3 类则属于访问式问卷。

1）送发式问卷就是由调研者将调研问卷送发给选定的被调研者，待被调研者填答完毕之

后再统一收回。

2）邮寄式问卷是通过邮局将事先设计好的问卷邮寄给选定的被调研者，并要求被调研者按规定的要求填写后回寄给调研者。邮寄式问卷的匿名性较好，缺点是问卷回收率低。

3）报刊式问卷是随报刊的传递发送问卷，并要求报刊读者对问题如实作答并回寄给报刊编辑部。报刊式问卷有稳定的传递渠道、匿名性好、费用省，因此有很大的适用性，缺点也是回收率不高。

4）人员访问式问卷是由调研者按照事先设计好的调研提纲或调研问卷对被调研者提问，然后再同调研者根据被调研者的口头回答填写问卷。人员访问式问卷的回收率高，也便于设计一些可以深入讨论的问题，但不便于涉及敏感性问题。

5）电话访问式问卷就是通过电话中介来对被调研者进行访问调研的问卷类型。此种问卷要求简单明了，现时在问卷设计上要充分考虑几个因素：通话时间限制；听觉功能的局限性；记忆的规律；记录的需要。电话访问式问卷一般应用于问题相对简单明确，但需及时得到调研结果的调研项目。

6）网上访问式问卷是在 Internet 上制作，并通过 Internet 来进行调研的问卷类型。此种问卷不受时间、空间限制，便于获得大量信息，特别是对于易引起敏感性的问题，相对而言更容易获得满意的答案。

二、调研问卷的要求与结构

（一）调研问卷的基本要求

一份完善的调研问卷应能从形式和内容两个方面同时取胜：

（1）从形式上看，要求版面整齐、美观、便于阅读和作答，这是总体上的要求，具体的版式设计、版面风格与版面要求，这里暂不讲述。

（2）从内容上看，一份好的问卷调研表至少应该满足以下几方面的要求：

1）问题具体、表述清楚、重点突出、整体结构好。

2）确保问卷能完成调研任务与目的。

3）调研问卷应该明确正确的政治方向，把握正确的舆论导向，注意对群众可能造成的影响。

4）便于统计整理。

（二）调研问卷的结构

一份完整的调研问卷通常包括标题、调研问卷说明、被调研者基本情况、调研内容、编码号、调研者情况等内容。

1. 调研问卷的标题

调研问卷的标题是概括说明调研研究主题，使被调研者对所要回答什么方面的问题有一个大致的了解。确定标题应简明扼要，易于引起回答者的兴趣。

例如，"大学生消费状况调研"，"我与广告——公众广告意识调研"等。而不要简单采用"调研问卷调研"这样的标题，它容易引起回答者因不必要的怀疑而拒答。

2. 调研问卷说明

调研问卷说明旨在向被调研者说明调研的目的、意义。有些调研问卷还有填表须知、交表时间、地点及其他事项说明等。调研问卷说明一般放在调研问卷开头，通过它可以使被调研者了解调研目的，消除顾虑，并按一定的要求填写调研问卷。调研问卷说明既可采取比较简洁、开门见山的方式，也可在调研问卷说明中进行一定的宣传，以引起调研对象对调研问卷的重视。下面举两个实例加以说明。

例如：

"同学们：

为了了解当前大学生的学习、生活情况，并做出科学的分析，我们特制定此项调研问卷，希望广大同学予以积极配合，谢谢。"

又例如：

"女士(先生)：

改革开放以来，我国广告业蓬勃发展，已成为社会生活和经济活动中不可缺少的一部分，对社会经济的发展起着积极的推动作用。我们进行这次公众广告意识调研，其目的是加强社会各阶层人士与国家广告管理机关、广告用户和经营者等各方的沟通和交流，进一步加强和改善广告监督管理工作，促进广告业的健康发展。本次调研问卷调研并非知识性测验，只要求您根据自己的实际态度选答，不必进行讨论。根据统计法的有关规定，对您个人情况实行严格保密。"

3. 被调研者基本情况

这是指被调研者的一些主要特征，如在消费者调研中，消费者的性别、年龄、民族、家庭人口、婚姻状况、文化程度、职业、单位、收入、所在地区等。又如，对企业调研中的企业名称、地址、所有制性质、主管部门、职工人数、商品销售额(或产品销售量)等情况。通过这些项目，便于对调研资料进行统计分组、分析。在实际调研中，列入哪些项目、列入多少项目，应根据调研目的、调研要求而定，并非多多益善。

4. 调研主题内容

调研的主题内容是调研者所要了解的基本内容，也是调研问卷中最重要的部分。它主要是以提问的形式提供给被调研者，这部分内容设计的好坏直接影响整个调研的价值。

主题内容主要包括以下几个方面：

（1）对人们的行为进行调研。包括对被调研者本人行为进行了解或通过被调研者了解他人的行为。

（2）对人们的行为后果进行调研。

（3）对人们的态度、意见、感觉、偏好等进行调研。

5. 编码

编码是将调研问卷中的调研项目变成数字的工作过程，大多数调研问卷均需加以编码，以便分类整理，易于进行计算机处理和统计分析。所以，在调研问卷设计时，应确定每一个调研项目的编号和为相应的编码做准备。通常是在每一个调研项目的最左边按顺序编号。

例如，①您的姓名；②您的职业；……。而在调研项目的最右边，根据每一调研项目允许选择的数目，在其下方划上相应的若干短线，以便编码时填上相应的数字代号。

6. 作业证明的记载

在调研问卷的最后，附上调研员的姓名、访问日期、时间等，以明确调研人员完成任务的性质。如有必要，还可写上被调研者的姓名、单位或家庭住址、电话等，以便于审核和进一步追踪调研。但对于一些涉及被调研者隐私的调研问卷，上述内容则不宜列入。

三、调研问卷设计的原则与程序

（一）调研问卷设计的概念

所谓调研问卷设计，是根据调研目的，将所需调研的问题具体化，使调研者能顺利地获取必要的信息资料，并便于统计分析。由于调研问卷通常是靠被调研者通过调研问卷间接地向调研者提供资料，所以，作为调研者与被调研者之间中介物的调研问卷，其设计是否科学合理，将直接影响调研问卷的回收率，影响资料的真实性、实用性。因此，在市场调研中，应对调研问卷设计给予足够的重视。

（二）调研问卷设计面临的困难

一个成功的调研问卷设计应该具备两个功能：一是能将所要调研的问题明确地传达给被调研者；二是设法取得对方合作，并取得真实、准确的答案。但在实际调研中，由于被调研者的个性不同，他们的教育水准、理解能力、道德标准、宗教信仰、生活习惯、职业和家庭背景等都具有较大差异，加上调研者本身的专业知识与技能高低不同，将会给调研者带来困难，并影响调研的结果。具体表现为以下几方面：

（1）被调研者不了解或是误解问句的含义，不是无法回答就是答非所问。

（2）回答者虽了解问句的含义，愿意回答，但是自己记忆不清应有的答案。

（3）回答者了解问句的含义，也具备回答的条件，但不愿意回答，即拒答。具体表现在：

1）被调研者对问题毫无兴趣。导致这种情况发生的主要原因是，对调研问卷主题没有兴趣，调研问卷设计呆板、枯燥，调研环境和时间不适宜。

2）对调研问卷有畏难情绪。当调研问卷时间太长，内容过多，较难回答时，常会导致被调研者在开始或中途放弃回答，影响调研问卷的回收率和回答率。

3）对调研问卷提问内容有所顾虑，即担心如实填写会给自己带来麻烦。其结果是不回答，或随意作答，甚至做出迎合调研者意图的回答，这种情况的发生是调研资料失真的最主要原因。

例如，在询问被调研者每月收入时，如被调研者每月收入超过 800 元时，他就会将纳税联系在一起，从而有意压低收入的数字。

4）回答者愿意回答，但无能力回答，包括回答者不善于表达的意见，不适合回答和不知道自己所拥有的答案等。

例如，当询问消费者购买某种商品的动机时，有些消费者对动机的含义不了解，很难作出具体回答。

为了克服上述困难，完成调研问卷的两个主要功能，调研问卷设计时应遵循一定的原则和程序。

（三）调研问卷设计的原则

1. 目的性原则

调研问卷调研是通过向被调研者询问问题来进行调研的，所以，询问的问题必须是与调研主题有密切关联的问题。这就要求在调研问卷设计时，重点突出，避免可有可无的问题，并把主题分解为更详细的细目，即把它分别做成具体的询问形式供被调研者回答。

2. 可接受性原则

调研问卷的设计要比较容易让被调研者接受。由于被调研者对是否参加调研有着绝对的自由，调研对他们来说是一种额外负担，他们既可以采取合作的态度，接受调研；也可以采取对抗行为，拒答。因此，请求合作就成为调研问卷设计中一个十分重要的问题。应在调研问卷说明词中，将调研目的明确告诉被调研者，让对方知道该项调研的意义和自身回答对整个调研结果的重要性。调研问卷说明词要亲切、温和，提问部分要自然、礼貌和有趣味，必要时可采用一些物质鼓励，并代被调研者保密，以消除其某种心理压力，使被调研者自愿参与，认真填好调研问卷。此外，还应使用适合被调研者身份、水平的用语，尽量避免列入一些会令被调研者难堪或反感的问题。

3. 顺序性原则

它是指在设计调研问卷时，要讲究调研问卷的排列顺序，使调研问卷条理清楚，顺理成章，以提高回答问题的效果。调研问卷中的问题一般可按下列顺序排列：

（1）容易回答的问答（如行为性问题）放在前面；较难回答的问题（如态度性问题）放在中间；敏感性问题（如动机性、涉及隐私等问题）放在后面；关于个人情况的事实性问题放在末尾。

（2）封闭性问题放在前面；开放性问题放在后面。这是由于封闭性问题已由设计者列出备选的全部答案，较易回答，而开放性问题需被调研者花费一些时间考虑，放在前面易使调研者产生畏难情绪。

（3）要注意问题的逻辑顺序，如可按时间顺序、类别顺序等合理排列。

4. 简明性原则

简明性原则主要体现在3个方面：

（1）调研内容要简明。没有价值或无关紧要的问题不要列入，同时要避免出现重复，力求以最少的项目设计必要的、完整的信息资料。

（2）调研时间要简短，问题和整个调研问卷都不宜过长。设计调研问卷时，不能单纯从调研者角度出发，而要为回答者着想。调研内容过多、调研时间过长，都会招致被调研者的反感。通常调研的场合一般都在路上、店内或居民家中，应答者行色匆匆，或不愿让调研者在家中久留等，而有些调研问卷多达几十页，让被调研者望而生畏，一时勉强做答也只有草率应付。根据经验，一般调研问卷回答时间应控制在30分钟左右。

（3）调研问卷设计的形式要简明易懂、易读。

5. 匹配性原则

匹配性原则是指要使被调研者的回答便于进行检查、数据处理和分析。所提问题都应事先考虑到能对问题结果做适当分类和解释，使所得资料便于做交叉分析。

（四）调研问卷设计的程序

调研问卷设计是由一系列相关工作过程所构成的，为使调研问卷具有科学性和可行性，需要按照以下程序进行：

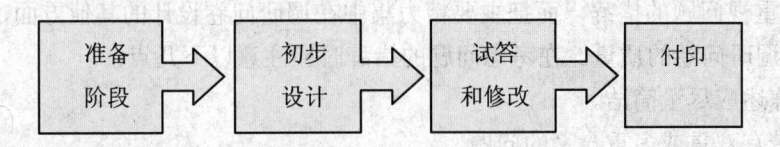

准备阶段 → 初步设计 → 试答和修改 → 付印

1. 准备阶段

准备阶段是根据调研问卷需要确定调研主题的范围和调研项目，将所需调研问卷资料一一列出，分析哪些是主要资料，哪些是次要资料，哪些是调研的必备资料，哪些是可要可不要的资料，并分析哪些资料需要通过调研问卷来取得，需要向谁调研等，对必要资料加以收集。同时要分析调研对象的各种特征，即分析了解各被调研对象的社会阶层、行为规范、社会环境等社会特征；文化程度、知识水平、理解能力等文化特征；需求动机、行为等心理特征；以此作为拟定调研问卷的基础。在此阶段，应充分征求有关各类人员的意见，以了解调研问卷中可能出现的问题，力求使调研问卷切合实际，能够充分满足各方面分析研究的需要。可以说，调研问卷设计的准备阶段是整个调研问卷设计的基础，是调研问卷调研能否成功的前提条件。

此阶段包括以下两个步骤的具体工作：

（1）确定所需信息。

确定所需信息是调研问卷设计的前提工作。调研者必须在调研问卷设计之前就把握所有达到研究目的和验证研究假设所需要的信息，并决定所有用于分析使用这些信息的方法，比如频率分布、统计检验等，并按这些分析方法所要求的形式来收集资料，把握信息。

（2）确定调研问卷的类型。

制约调研问卷选择的因素很多，而且研究课题不同，调研项目不同，主导制约因素也不一样。在确定调研问卷类型时，先必须综合考虑这些制约因素：调研费用，时效性要求，被调研对象，调研内容。

2. 初步设计

在准备工作基础上，设计者就可以根据收集到的资料，按照设计原则设计调研问卷初稿。主要是确定调研问卷结构，拟定并编排问题，在初步设计中，首先要标明每项资料需要采用何种方式提问，并尽量详尽地列出各种问题，然后对问题进行检查、筛选、编排，设计每个项目。对提出的每个问题，都要充分考虑是否有必要，能否得到答案。同时，要考虑调研问卷是否需要编码，或需要向被调研者说明调研目的、要求、基本注意事项等。这些都是设计调研问卷时十分重要的工作，必须精心研究，反复推敲。

此阶段包括以下 4 个步骤的具体工作：

（1）确定问题的内容。

确定问题的内容似乎是一个比较简单的问题。然而事实上不然，这其中还涉及一个个体的差异性问题，也许你认为容易的问题可能是他人认为困难的问题；你认为熟悉的问题可能是他认为生疏的问题。因此，确定问题的内容，最好与被调研对象联系起来。分析一下被调研者群体，有时比盲目分析问题的内容效果要好。

（2）确定问题的措辞。

很多人不太重视问题的措辞，而把主要精力集中在调研问卷设计的其他方面，这样做的结果有可能降低调研问卷的质量。在考虑问题的措辞时应注意以下几点：

1）问题的陈述应尽量简洁。
2）避免提带有双重或多重含义的问题。
3）最好不用反义疑问句，避免否定句。
4）注意避免问题的从众效应和权威效应。

（3）确定问题的顺序。

调研问卷中的问题应遵循一定的排列次序，问题的排列次序会影响被调研者的兴趣、情绪，进而影响其合作积极性。所以一份好的调研问卷应对问题的排列作出精心的设计。

一般而言，调研问卷的开头部分应安排比较容易的问题，这样可以给被调研者一种轻松、愉快的感觉，以便于他们继续答下去。中间部分最好安排一些核心问题，即调研者需要掌握的资料，这一部分是调研问卷的核心部分，应该妥善安排。结尾部分可以安排一些背景资料，如职业、年龄、收入等。个人背景资料虽然也属事实性问题，也十分容易回答，但有些问题，诸如收入、年龄等同样属于敏感性问题，因此一般安排在末尾部分。当然在不涉及敏感性问题的情况下也可将背景资料安排在开头部分。

还有一点就是注意问题的逻辑顺序，有逻辑顺序的问题一定要按逻辑顺序排列，即使打破上述规则，这实际上就是一个灵活机动的原则。

（4）调研问卷的排版和布局。

调研问卷的设计工作基本完成之后，便要着手调研问卷的排版和布局。调研问卷排版的布局总的要求是整齐、美观，便于阅读、作答和统计。

3. 试答和修改

一般说来，所有设计出来的调研问卷都存在着一些问题，因此，需要将初步设计出来的调研问卷在小范围内进行试验性调研，以便弄清调研问卷在初稿中存在的问题，了解被调研者是否乐意回答和能够回答所有的问题，哪些语句不清、多余或遗漏，问题的顺序是否符合逻辑，回答的时间是否过长等。如果发现问题，应做必要的修改，使调研问卷更加完善。试调研与正式调研的目的是不一样的，它并非要获得完整的调研问卷，而是要求回答者对调研问卷各方面提出意见，以便于修改。

4. 付印

付印就是将最后定稿的调研问卷，按照调研工作的需要打印复制，制成正式调研问卷。

四、问卷设计中应注意的问题

一般来说，问卷的开头都要向受访者简要介绍问卷的背景。这段文字口吻要亲切，态度要诚恳。

问卷的正式内容开头几个问题，通常是被调研者的基本资料，如姓名、年龄、职业、通信地址等；若调研对象是经销商，则基本资料应包括企业名称、注册资金、年销售额等。但开头都应简洁明快，很快进入正题。

在问卷设计中，有以下一些问题应引起注意：

（1）问题排列的顺序必须按普通人的思考顺序，由简单到复杂，由表面直觉到深层思考。

（2）关于受访者本身的问题，不宜放在问卷开头，如教育程度、经济收入、家中耐用消费品数量等。

（3）如果所调研的是某类消费品的市场情况以及被调研的厂牌在整个市场中的地位，为了避免影响受访者的反应，在开始询问时应尽量不让受访者知道所要调研的厂牌是什么以及委托调研、执行调研的公司名称。

例如，在进行凯迪山地车经销商的问卷调研中，考虑到金花路一带车行集中，对经销商的调研容易使其曲解为套取商业机密，因此就尽量地避免使其知道委托调研的公司名称。

（4）问题的提出应注意语气，把握措词的程度。

（5）使用提示方式回答时，要注意提示顺序，在不同的问卷中作合理的顺序变换保证回答的客观性。

例如，您喜欢什么形状的车把（山地自行车）？

A. 平把　　　B. 燕形把　　　C. 羊角把　　　D. 牛角把　　　E. 其他

如果几个选择项提示顺序相同，位于前面的项占优势，使回答者容易先入为主，因此需要准备几种项不同的提示表，以便交互向受访者提示，保证回答尽量客观、真实。

另外，需注意，此种问题选择项应尽量给出全部可能的回答。

（6）为使回答尽量客观，问题提法也应讲究客观，避免概括笼统。

例如，"您为什么要买××牌山地车？"

"您是怎样知道××牌山地车的？它最吸引你的一点是什么？"

前后两个句子比较，后者较易回答。

（7）不用模棱两可、含混不清的问句，更避免用使受访者不易理解、晦涩艰深的句子及因各人理解而意义不同的问句。

例如，"促销效果"、"分销渠道"、"消费时间特征"等术语，对于某些消费者，不易接受。

（8）用间接询问法提问某些不宜直接询问的问题。

（9）问卷以简短为佳。

问卷的长短，可以因受访者对主题的关心程度、询问场所、调研对象类型、调研员训练程度而定，以不超过 30 个问题为宜。而美国的调研机构，一般限制访问时间为 15 分钟。

总体来说，调研问卷的设计就是要从被调研者的心理感受出发，斟酌问题的提出方法，保证调研结果的准确、真实，其次注意问题的设计要便于统计。

【思考与讨论】

1. 调研问卷有哪些类别？各有何差别？
2. 在设计调研问卷的过程中需遵循哪些基本原则？
3. 用于测量的量表有哪些？有何差别？

4. 可用于态度测量的量表有哪些？
5. 沙氏通量表和李克特量表有何区别？
6. 在设计语意差别量表时需注意什么问题？
7. 调研问卷中的问题有哪些类别？
8. 常用的询问设计技术有哪些？
9. 在设计问题时有哪些注意事项？

【案例分析】

××市场研究中心热水器意见征询表

太太，您好。我是××大学学生（提示证件），我们利用课余时间进行实习，想要打扰您几分钟的时间，请教您一些关于热水器的意见，这是我们赠送的一点小礼物（送礼物）。

1. 请问您家有没有热水器？
   （1）— ①有　　　　　　　　　　　②没有（径问第10题）
2. 请问您家的热水器是哪一种形式的？
   （2）— ①电热式热水器牌子是：　　②液化气热水器牌子是：
   　　　　③锅炉热水器牌子是：　　　④煤油热水器牌子是：
3. 请问您家热水器是多久以前装置的？
   （3）— ①最近半年内　　　　　　　②最近半年以上一年以内
   　　　　③一年以上，一年半以内　　④一年半以上
   　　　　⑤属于原来房屋设备之内
4. 请问您家购买热水器是由谁提议或推荐的？
   （4）— ①先生　　　　　　　　　　②主妇
   　　　　③子女　　　　　　　　　　④亲朋
   　　　　⑤其他（请注明）_____
5. 您家现在使用的热水器的品牌是由谁决定的？
   （5）— ①先生决定的　　　　　　　②主妇决定的
   　　　　③先生和主妇共同决定的　　④全家人共同决定的
   　　　　⑤听取亲朋的推荐而决定的　⑥其他
6. 您家的热水器，其主要用途如何？
   （6）— ①供应洗脸及洗澡用水
   （7）— ②除供应洗澡用水外，还供应大厨房用水
   　　　　③全天候供应热水　　　　　④其他
7. 请问您家购买热水器的原因是什么？
   （8）— ①冬天洗澡较为方便
   （9）— ②可以省去烧热水的麻烦及时间
   　　　　③家里人多，用热水器烧热水简单方便

108

④因为经销商店极力推荐

⑤建造房子时，营造商推荐装置

⑥附近邻居都已装置热水器了

⑦看了电视及报纸广告觉得热水器很值得购买

⑧从亲戚朋友处得知热水器的好处，产生购买欲望

⑨其他

8. 请问您对于您家所使用的热水器满意程度如何？

　　　　　　　　很满意　满意　尚满意　不满意

（10）—（a）对于供应热水时，水温与水量的控制：

（11）—（b）对热水器的使用及操作方面：

（12）—（c）对热水器在使用上的安全性：

（13）—（d）对热水器的可靠性：

（14）—（e）对热水器所给予您全家的舒适感觉：

（15）—（f）对热水器机件的坚固性：

（16）—（g）对于操作费用的经济性：

9. 如果您目前使用的热水器，将来报废了，您是否准备再购买？

（17）—　　①准备购买（续问9a题）　　　　　②不准备购买（径问9b题）

9a（如果准备购买）请问您购买时会考虑哪些因素？

（18）—　　①购买目前使用的品牌

（19）—　　②注意热水器有无自动调节设备　　③注意机件是否牢固耐用

　　　　　　④比较各品牌的价格，选择一种价格比较合理或便宜的品牌

　　　　　　⑤比较各品牌的性能或特点，选择一种具有优越特点的热水器

　　　　　　⑥其他

9b（如果不准备购买）请问您为什么不购买？

10. 请问您家的洗澡用水是如何准备的？

（20）—　　①用大锅烧热了，再倒出来使用　　②在洗澡盆内烧热水

　　　　　　③用日本式风吕烧热水　　　　　　④其他

11. 您家最近有没有计划购买热水器？

（21）—　　①有（续问11a）　　　　　　　　②没有（径回11b）

11a（如果有）请问您要购买热水器时，考虑哪些因素？

（22）—　　①考虑使用热水器是否费液化气或费电

（23）—　　②询问经销店有关热水器的性能

　　　　　　③比较类似品牌的价格

　　　　　　④请教已购买热水器的人的意见

　　　　　　⑤注意热水器是否经常发生机件故障

　　　　　　⑥考虑热水器是否会发生危险性现象

　　　　　　⑦看看有没有分期付款办法

⑧考虑购买名牌

11b（如果没有计划）请问您为什么没有计划购买？
(24)— ①因购买热水器，须付出几千元，经济上不许可
(25)— ②家里房间太小，装设热水器不便
③家庭人数不多，不必使用热水器
④因为自来水水压太低
⑤据人家说热水器常有煤气外溢现象，缺乏安全性
⑥没热水供应的水管系统
⑦其他

12. 请问您家的供水来源是：
(26)— ①自来水　　　　　　　　　②抽取的井水
③自来水附加井水　　　　　④其他

13. 请问您家所使用的燃料属于哪一种？
(27)— ①大台北煤气　　　　　　　②罐装煤气
③柴火　　　　　　　　　　④其他

14. 请问您家有没有使用液化气炉？
(28)— ①有品牌：　　　　　　　　②无

15. 请问您家的浴室有无澡盆或淋浴设备？
(29)— ①有　　　　　　　　　　　②无

16. 请问您家有几人？
(30)— ①1～3人　　　　　　　　②4～5人
③6～7人　　　　　　　　④7～8人
⑤89～人　　　　　　　　⑥21人以上

16a 其中18岁以下的未成年人_____人

17. 请问您的芳龄是多少？
(31)— ①20岁以下　　　　　　　　②21～29岁
③30～39岁　　　　　　　　④40～49岁
⑤50岁以上

18. 请问您家户长的职业是什么？
(32)— ①自由业及民营企业，军公高级主管
②小企业资本主及大中型企业，军公中级主管，中小学教师
③技术性职工，农人及基层军公企业从业员
④半技术人员、店员、摊贩
⑤半技术工人
⑥其他

18a 主妇的职业
(33)— ①家庭管理（包括参加家庭事业工作）

②职业妇女（在外正式就业）
③兼作有酬工作

19. 这里有几种访问者表示的家庭每月收入，您家大约属于哪一组？

（34）— ①1500元以下　　　　　②1500~2500元
　　　　③2500~3500元　　　　　④3500~4500元
　　　　⑤4500~5500元　　　　　⑥5500~6500元
　　　　⑦6500~7500元　　　　　⑧7500以上

20. 访员观察：

（35）— 房屋结构：
　　　　①高楼公寓式　　　　　　②高级独立下房
　　　　③旧式平房

（36）— 生活程度：
　　　　①上　　　　　　　　　　②中
　　　　③下

谢谢您的合作，再见！

被访者姓名：
地址：＿＿＿＿市＿＿＿＿＿区＿＿＿＿＿路（街）段＿＿＿＿巷＿＿＿＿弄＿＿号
访问员姓名：　　　　　　　时间：　　年　月　日　午
编校员姓名：　　　　　　　时间：　　年　月　日

案例思考

1. 根据调研问卷所提供的信息是分析本次调研可能采用的是什么调研方法？
2. 分析调研问卷中所列的问题，分别有哪些类别？
3. 分析调研问卷中是否采用了态度测量表？都有哪些？

【实践与训练】

1. 列出问卷设计中应该避免使用的模糊用语。
2. 访问在线调查网站，查找一项正在该站点进行的调查，用本专题所讨论的原则和技巧对问卷进行评价。
3. 设计一份关于大学生消费规模和支出结构的问卷。

第六章 调研资料整理分析技术

【教学目的与要求】

了解市场调研资料整理的含义、步骤与内容，掌握市场调研资料整理的基本方法；了解定性与定量分析的概念与原则，掌握常用的定性分析和定量分析方法，能够根据市场调研资料进行总量分析与相对指标分析。

第一节 调研资料的整理

【学习目标与要求】

● 知识点
1. 调研资料整理的含义、步骤与内容
2. 市场调研资料整理的基本方法

● 技能点

掌握市场调研资料整理的基本技术

【讲授与训练内容】

一、资料整理的步骤和内容

1. 资料整理的步骤

（1）设计和编制资料整理方案。这是保证统计资料的整理有计划、有组织地进行的重要一步。资料的整理往往不是整理一个或两个指标，而是整理多个有联系的指标所组成的指标体系。

（2）对原始资料进行审核。资料的审核是第一步，为了保证质量必须进行严格的审核。

（3）综合汇总表的项目，对原始资料进行分组、汇总和计算是关键。

（4）对整理好的资料再进行一次审核，然后编制成一个统计表，以表示社会经济现象在数量上的联系。

2. 审核内容

（1）资料的审核必须遵守资料整理的一般要求，着重资料的真实性、准确性、完整性。

1）资料的真实性。调研资料来源的客观性问题，来源必须是客观的。调研资料本身的真实性问题，要辨别出资料的真伪，把那些违背常理的、前后矛盾的资料舍去。

2）资料的准确性。准确的审核要着重检查那些含糊不清的、笼统的及互相矛盾的资料。

3）资料的完整性。包括调研资料总体的完整性和每份调研资料的完整性。

（2）审核应注意的问题。

在审核中，如发现问题可以分不同的情况予以处理：

1）对于在调研中已发现并经过认真核实后确认的错误，可以由调研者代为更正。

2）对于资料中可疑之处或有错误与出入的地方，应进行补充调研。

3）无法进行补充调研的应坚决剔除那些有错误的资料，以保证资料的真实、准确。

二、资料整理的方法——统计分组法

（一）分组含义

统计分组，是指根据社会调研的目的和要求，按照一定标志，将所研究的事物或现象区分为不同的类型或组的一种整理资料的方法。

（二）分组的作用

（1）可以找出总体内部各个部分之间的差异，如产业结构划分为第一产业、第二产业、第三产业（甚至第四产业）。

不同产业包括的部门是各不相同的。

（2）可以深入了解现象总体的内部结构，如表6-1所示。

表6-1 我国3次产业分类的从业人员构成情况　　　　　　　单位（%）

年份 产业	1993	1994	1995	1996	1997
第一	56.4	51.3	52.2	50.0	49.9
第二	22.4	22.7	23.0	23.5	23.7
第三	21.2	23.00	24.8	26.0	26.4
合计	100.0	100.0	100.0	100.0	100.0

（3）可以显示社会现象之间的依存关系，如表6-2所示。

表6-2 某地区粮食单位面积产量和施肥量的关系

每公顷花费施用量（千克）	粮食单位面积产量（千克/公顷）
116.25	2827.5
133.50	3124.5
145.50	3396.0
153.75	3608.3
163.50	3484.0

（三）分组标志的选择

1. 标志的含义

标志指反映事物属性或特征的名称。

2. 正确分组必须遵守的原则
(1) 根据调研研究的目的和任务选择分组标志。
(2) 选择能够反映被研究对象本质的标志。
(3) 应从多角度选择分组标志,并不是唯一性的。
3. 分组类型
(1) 根据分组标志的数量,有简单分组和复合分组两类。
(2) 根据所使用分组标志的性质,有品质标志分组和数量标志分组。

(四) 次数分布
1. 含义

次数分布,是将总体中的所有单位按某个标志分组后,所形成的总体单位数在组之间的分布。分布在各组总体单位数叫做次数或频数。各组次数与总次数之比叫做比例、比率或频率。

次数分布实质:是反映统计总体中所有单位在各组的分布状态和分布特征的一个数列,也可以称做次数分配数列,简称分布数列。

> **思考:**
> 将我系同学按照性别分组,男生和女生各有多少?比例多少?

2. 变量数列的种类及计算
(1) 单项变量数列,如表 6-3 所示。

表 6-3 单项变量数例

按日产量分组(件)	工人人数(人)	比例(%)
25	10	6
26	20	10
27	30	17
28	50	28
29	40	22
30	30	17
合计	180	100

(2) 组距变量数列,如表 6-4 所示。

表 6-4 组距变量数列

按计划完成程度分组(%)	企业数	比例(%)
100 以下	6	21.3
100~110	16	57.4
110 以上	6	21.43
合计	28	100.00

> **思考：**
> 在编制组距变量数列时需要注意什么问题？上面两个数列的应用方向有何不同？

（五）汇编、制表和绘图

1. 汇编

汇编指根据调研研究的目的，将资料中的各部分散的数据汇聚起来，以集中形式反映调研单位的总体状况及内部数量结构的一项工作。

方法有：手工汇总——点线法、过滤法、折叠法和卡片法；计算机汇总。

2. 制表

（1）表的结构、种类。

结构：标题、横标目、纵标目、数字。

种类：简单分组表、复合分组表。

制作方法：制作应遵循科学、实用、简练、美观原则。

（2）应注意的问题。

1）标题简单明了。
2）表格形式一般是开口式。
3）如表格栏数多，应对栏数加以编号。
4）数字要填写整齐，对准数位。
5）凡需说明的文字一律写入表注。

3. 绘图

（1）统计图的种类：条形图或称柱形图、圆形图、曲线图、象形图。

（2）统计图的作用。

1）表明事物总体结构。
2）表明统计指标不同条件下的对比关系。
3）反映事物发展变化的过程和趋势。
4）说明总体单位按某一标志的分布情况。
5）显示现象之间的相互依存关系。

第二节 调研资料的分析

【学习目标与要求】

- 知识点

1. 定性与定量分析的概念与原则
2. 分析的方法

● 技能点

根据市场调研资料进行总量分析与相对指标分析

【讲授与训练内容】

一、静态分析

（一）定性分析

1. 定性分析的概念及原则

定性分析是与定量分析相对而言的，它是对不能量化的现象进行系统化理性认识的分析，其方法依据是科学的哲学观点、逻辑判断及推理，其结论是对事物的本质、趋势及规律的性质方面的认识。

定性分析有以下特点：分析的对象是调研资料、分析的直接目的是要证实或证伪研究假设，对市场现象得出理性认识、分析强调纵式关系。

进行定性分析遵循以下原则：

（1）坚持用正确的理论指导。

（2）分析只能以调研资料为基础，并且分析出的结果必须用调研资料来验证。

（3）要从调研资料的全部事实出发，不能简单地从个别事实出发。

2. 常用的定性分析方法

（1）归纳分析法。

归纳分析法是用得最广泛的一种方法，分为完全归纳法和不完全归纳法，后者又分为简单枚举法和科学归纳法。

（2）演绎分析法。

在运用演绎分析法时要注意的问题有：①分类研究的标准要科学；②分类研究的角度应该是多角度、多层次的；③对分类研究后的资料还要运用多种逻辑方法揭示其本质，形成理性认识；④综合要以分类研究为基础；⑤综合要根据研究对象本身的客观性质，从内在的相互关系中把握其本质和整体特征，而不是将各个部分、方面和因素进行简单相加或形式上的堆砌。

（3）比较分析法。

比较分析法是把两个或两类事物的调研资料相对比，从而确定它们之间相同点和不同点的逻辑方法。运用比较分析法时，要注意以下问题：既可以在同类对象间进行，也可以在异类对象间进行；要分析可比性；应该是多层次的。

（4）结构分析法。

在市场调研的定性分析中，通过调研资料，分析某现象的结构及其各组成部分的功能，进而认识这一现象本质的方法，称为结构分析法。

结构分析法要着重分析以下内容：分析结构、分析内部功能和分析外部功能。

（二）定量分析

定量分析是指从事物的数量特征方面入手，运用一定的数据处理技术进行数量分析，从而挖掘出数量中所包含的事物本身的特性及规律性，从而挖掘出数量中所包含的事物本身的特性的分析方法，可分类如下：

1. 描述性统计分析

描述性统计分析指对被调研总体所有单位的有关数据作搜集、整理和计算综合指标等加工处理，用来描述总体特征的统计分析方法。

市场调研分析中最常用的描述性统计分析，主要包括对调研数据的分组分析、集中趋势分析、离散程度分析和相对程度分析、指数分析。

2. 解析性统计分析方法

其主要方法有假设检验、方差分析、相关分析。

3. 不确定性分析方法

其主要是模糊分析。

（三）相对程度分析

相对程度分析是统计分析的重要方法，是反映现象之间数量关系的重要手段。它通过对比的方法反映现象之间的联系程度，表明现象的发展过程，还可以使那些利用总量指标不能直接对比的现象找到可比的基础，因而在市场调研分析中经常使用。市场调研分析中常用的相对指标，主要有结构相对指标、比较相对指标、比例相对指标和强度相对指标等几种。

结构相对指标是总体各组部分与总体数值对比求得的比重或比率，用来表明总体内部的构成情况。它从静态上反映总体内部构成，揭示事物的本质特征，其动态变化可以反映事物的结构发展变化趋势和规律性。

比较相对指标是指不同总体同类现象指标数值之比。

它表明同类现象在不同空间的数量对比关系，可以说明同类现象在不同地区、单位之间发展的差异程度，通常用倍数（系数）或百分数表示。

社会经济现象总体内各组成部分之间存在着一定的联系，具有一定的比例关系。为了掌握各部分之间数量的联系程度，需要把不同部分进行对比。比例相对指标就是同一总体内不同部分的指标数值对比得到的相对数，它表明总体内各部分的比例关系，如国民经济结构中的农、轻、重比例等，通常用百分数表示，也可以用一比几或几比几的形式表示。

在市场调研中，有时要研究不同事物间的联系，如流通费与商品销售额、产值与固定资产等，这就需要通过计算强度相对指标来分析。强度相对指标是两个性质不同而有联系的总量指标对比得到的相对数，它反映现象的强度、密度普通程度。

（四）集中与离散分析

1. 集中趋势分析

对调研数据公布的数量规律性中集中特征进行分析，是对被调研总体的特征进行准确描述的重要前提。数据集中趋势分析的对象，包括数据的均值（各类平均数）、中位数和众数。

均值是数据偶然性和随机性的一个特征值，反映了一些数据必然性的特点。

平均数一般包括算术平均数、调和平均数和几何平均数 3 种，其中算术平均数是最简单、最基本的形式，它又视资料分组与否而具有简单算术平均和加权算术平均。

利用均值，可以将处在不同地区、不同单位的某现象进行空间对比分析，以反映一般水平的变化趋势或规律；可以分析现象间的依存关系等，从而拓宽分析的范围。

众数是总体中出现次数最多单位的标志值，也是测定数据集中趋势的一种方法，克服了平均数指标会受数据中极端值影响的缺陷。从分析的角度看，众数反映了数据中大多数的数据的代表值，可以使我们在实际工作中抓住事物的主要矛盾，有针对性地解决问题，但若出现了双众数现象，则可能说明调研总体不具有同质性，资料可能来源于两个不同的总体。这类结果既可以用来检查方案设计中的总体一致性问题，也可以用来帮助验证数据的可靠与否。

中位数的确定可以以未分组资料为基础，也可由分组资料得到。它同样不受资料中少数极端值大小的影响。在某些情况下，用中位数反映现象的一般水平比算术平均数更具有代表性，尤其对于两极分化严重的数据更是如此。

均值、众数和中位数都是反映总体一般水平的平均指标，彼此之间存在着一定的关系，使其各自的含义不同的调研数据类型，采用不同的指标分析，以期能把被调研总体数据的集中趋势最准确地描述出来。

2. 离散程度分析

对一组数据规律性的研究，集中趋势是数据重要数量特征的一个方面，离散程度则是数据数量特征的另一个方面。集中趋势反映的是数据的一般水平，这里用均值等一个数值来代表全部数据。但若要较全面地掌握这组数据的数量规律，还需要计算反映数据差异程度的数值，如极差、平均差、方差和标准差离散系数等。

极差（也称全距）是数据中两个极端值，不能反映数据变化的影响，受极端值的影响较大。一般说，极差越大，平均值的代表性越小。所以，极差可以一般性地检验平均值的代表性大小。

平均差是总体各单位标志值与其算术平均数离差绝对值的算术平均数。平均差与平均数代表性的关系，与极差基本一致。不同的是，平均差的计算由于涉及了总体中的全部数据，因而能更综合地反映总体数据的离散程度。

方差与标准差是幂的关系，前者是后者的平方。标准差的计算公式，也视资料的分组情况而分为简单平均式和加权平均式。

这两个指标均是反映总体中所有单位标志值对平均数的离差关系，是测定数据离散程度最重要的指标，其数值的大小与平均数代表性的大小呈反方向变化。

离散系数是为两组数据间进行比较而设计的；是一组数据标准差与均值相比较而得的相对值。

> **特别提示：**
> 必须清楚，在不同情况的两组数据间，直接用标准差进行离散程度的比较是不科学的，甚至还会得出相反的结论。

二、动态分析

（一）动态数列的概念

动态是指现象在时间上的发展变化。把反映某现象的同一指标，在不同时间上的指标数值，按时间（如按年、季、月、日等）先后顺序编排所形成的数列，称为动态数列或时间数列的每一行有序数值，就是一个动态数列，表 6-5 共 5 个动态数列。可见，任何一个动态数列，均由两个基本要素构成：一个是现象所属的时间；另一个是反映现象所属时间的发展水平，即统计指标数值。

表 6-5　我国九十年代中期职工人数及工资额的变化

年份	1994	1995	1996	1997
年末职工人数（万人）	14849	14908	14845	14668
职工工资总额（亿元）	6656.4	8100.0	9080.0	9405.3
其中，国有经济单位（亿元）	3090.4	3812.7	5177.4	6080.4
占工资总额的比例（%）	46.4	47.1	57.0	64.6
职工年平均货币工资（元）	4538	5500	6210	6470

要研究和分析现象的发展变化，必须编制动态数列，因为动态数列有很大作用：

（1）它可以描述被研究现象的发展过程和结果。

（2）通过它可分析被研究现象的发展速度、趋势，探索其发展变化的规律性。

（3）通过动态数列有关统计数据的计算、研究，对所研究的现象作趋势预测。

（4）将不同国家或地区的同类现象的动态数列进行对比，观察其发展变化的数量关系，也可将两个以上相关现象，在同一历史时期的动态数列进行对比，分析其发展变化的协调性。

（二）动态数列的种类

根据统计指标表现的形式不同，可将动态数列分为总量指标动态数列、相对指标动态数列和平均指标动态数列 3 种。其中，总量指标动态数列是基本数列，后两种是派生数列。

1. 总量指标动态数列

将现象某一总量指标在不同时间的数值，序时编排所形成的数列，称总量指标动态数列，它反映被研究现象总水平（或规模）的发展过程和结果。

例如，表 6-5 中的"年末职工人数"、"职工工资总额"和"国有经济单位工资总额"这 3 个动态数列，均为总量指标动态数列。

根据总量指标反映现象的时间状况不同，总量指标动态数列又可分为时期数列和时点数列。

（1）时期数列。凡排列在总量指标动态数列中的每个指标数值，均反映现象在一段时期内发展过程的总和，该动态数列称为时期数列。

例如，表 6-5 中的第二、第三个动态数列是时期数列。时期数列中的每个指标数值，反映现象所在时间的长短，称时期。例如，表 6-5 中第二和第三个动态数列的每个指标数值，均是一年的工资总额。所以，该时期数列的时期是一年。在动态数列中，两个相邻指标值所在时间的距离，称为间隔。该工资总额时期数列的间隔也是一年。若将该动态数列中的 1995 年资料略去，所形成的时期数列，其时期仍为一年，但其间隔就不都是一年了。

（2）时点数列。凡排列在总量指标动态数列中的每个指标数值，都反映现象在某一时点上总量的动态数列称为时点数列。

例如，表 6-5 中第一个动态数列是时点数列。时点数列没有时期，只有间隔，该时点数列的间隔为一年。同样，若将 1995 年的资料略去后所形成的时点数列，其间隔并不都是一年。

时期数列和时点数列的区别是由这两种动态数列所反映现象的性质和特点决定的，其区别如下：

1）时期数列中的每个指标数值，都是反映现象在一定时期内发展过程的总量；时点数列中的每个指标数值，则是反映现象在某一时点上的总量。

2）时期数列各期指标数值可以相加，因为相加的结果有实际的意义，时点数列中的各指标数值除非计算过程需要相加外，一般不能相加，因为相加的结果无实际意义。

3）时期数列中的每个指标数值的大小，与时期的长短有关；时点数列中，每个指标数值的大小，与时间的间隔长

4）时期数列的每个指标数值，是跟随现象发展过程作连续登记得到的；时点数列中的每个指标数值，是对现象做某一时点的调研确定的。

2. 相对指标动态数列

将现象某一相对指标在不同时间的数值序时编排所形成的数列，称为相对指标动态数列，它反映被研究现象数量对比关系的发展变化过程。

例如，表 6-5 中的第四个动态数列，就是一个相对指标动态数列，它反映近几年来各年我国国有经济单位职工工资总额比例的变化过程。

3. 平均指标动态数列

将现象某一平均指标在不同时间的数值序时编排所形成的数列，称平均指标动态数列。它反映现象平均水平的发展趋势。由于平均指标可分为静态平均数（一般平均数）和动态平均数（序时平均数），因此，平均指标动态数列也可分为静态平均数动态数列和序时平均数动态数列两种。

三、指数分析

统计界认为，统计指数的概念有广义和狭义两种理解。广义指数泛指社会经济现象数量变动的比较指标，即用来表明同类现象在不同空间、不同时间、实际与计划对比变动情况的相对数。狭义指数仅指反映不能直接相加的复杂社会经济现象在数量上综合变动情况的相对数。

例如，要说明一个国家或一个地区商品价格综合变动情况，由于各种商品的经济用途、规格、型号、计量单位等不同，不能直接将各种商品的价格简单对比，而要解决这种复杂经济总体各要素相加问题，就要编制统计指数综合反映它们的变动情况。

（一）统计指数的分类

统计指数从不同角度可作以下分类：

1. 按研究范围不同可分为个体指数和总指数

（1）个体指数，是表明复杂社会经济总体中个别要素变动情况的相对数。例如，某种商品销售量指数、个别商品的价格指数、单个产品的成本指数等都是个体指数。

（2）总指数，是表明复杂经济现象中多种要素综合变动情况的相对数。例如，工业生产指数、社会商品零售物价指数、社会商品零售量指数、职工生活费用价格指数等都是总指数。

2. 按编制指数的方法论原理不同可分为简单指数和加权指数

（1）简单指数，是指直接将社会经济现象个别要素的计算期数值与基期数值对比的相对数。

（2）加权指数，是由个体指数加权平均或汇总求得的总指数。加权指数是计算总指数广为采用的方法，综合指数也是一种加权指数。

3. 按指数性质不同可分为数量指标指数和质量指标指数

（1）数量指标指数，是用来反映社会经济现象的数量或规模变动方向和程度的指数，如职工人数指数、产品产量指数、商品销售量指数等。

（2）质量指标指数，是用以反映社会经济现象质量、内涵变动情况的指数，如成本指数、物价指数、劳动生产率指数等。

4. 按反映的时态状况不同可分为动态指数和静态指数

（1）动态指数，是说明现象在不同时间上发展变化的指数，如股票价格指数、社会商品零售价格指数、农副产品产量指数等。

（2）静态指数，是反映现象在同时期不同空间对比情况的指数，如计划完成情况指数、地区经济综合评价指数等。

（二）指数体系和因素分析

1. 指数体系

社会经济现象之间的相互联系、相互影响的关系是客观存在的，有些社会经济现象之间的联系可以用经济方程式表现出来。例如，

商品销售额=商品销售量×商品销售价格

生产总成本=产品产量×单位产品成本

上述的这种关系，按指数形式表现时，同样也存在这种对等关系。例如，

商品销售额指数=商品销售量指数×商品销售价格指数

生产总成本指数=产品产量指数×单位产品成本指数

在统计分析中，将一系列相互联系、彼此间在数量上存在推算关系的统计指数所构成的整体称指数体系。

上述指数体系，按编制综合指数的一般原理用公式可写成：

$$\frac{\sum p_1 q_1}{\sum p_0 q_0} = \frac{\sum q_1 p_0}{\sum q_0 p_0} \times \frac{\sum q_1 p_1}{\sum q_1 p_0}$$

从上面所举的例子中可以发现，统计指数体系一般具有两个特征：

（1）具备3个或3个以上的指数。

（2）体系中的半个指数在数量上能相互推算。

例如，已知销售额指数、销售量指数，则可推算出价格指数；已知价格指数、销售量指数，则可推算出销售额指数。

（3）现象总变动差额等于各个因素变动差额的和。

2. 因素分析

因素分析指数体系是进行因素分析的重要工具。构建指数体系的目的，就是要分析多种

因素的变动对社会经济总体变动情况的影响。

例如，用指数体系来分析价格、销售量的变动对销售额的影响；分析工资水平、工人结构、工人总数的变动对工资总额的影响等。

（1）因素分析的对象是复杂现象。这里所说的复杂现象，是指受多种因素影响的现象，它的量表现为若干因素的乘积，其中任一因素的变动都会使总量发生变化。

例如，生产总成本表现为单位产品成本和产量的乘积，单位成本和产量任一发生变化，都会使总成本产生变动。因素分析的目的就是要测定这些因素的变动对总成本变动的影响方向和影响程度。

（2）因素分析中的指数体系以等式的形式表现。编制指数体系的基本思想是：测定一个因素的变动时假定其他因素不变，并以等式来表现体系。

例如，将生产总费用的变动分解为单位产品的材料消耗（单耗）、原材料单价、产量3个因素的影响。因素分析时，是用固定价格、产量来编制单耗指数，用固定单耗、产量来编制价格指数；用固定单耗、价格编制产量指数，从而形成以下以等式形式表现指数体系：

$$总费用指数 = 产量指数 \times 单耗指数 \times 单价指数$$

在因素分析中，所有的指数体系都以等式表现。

（3）因素分析的结果有相对数也有绝对数。指数体系的表现形式表明，若干因素指数的乘积等于总变动指数，若干因素的影响差额之和应等于总体变动实际发生的总差额。

（三）总量指标的因素分析

1. 两因素分析

总量指标的两因素分析，在指数体系上表现为总变动指数等于两个因素指数的乘积。要保证两个因素指数之积等于被研究现象变动的指数，最关键的是确定同度量因素的时期。一般应遵循的原则是：一个因素指数的同度量因素固定在报告期，则另一个因素指数的同度量因素要固定在基期，即两个指数的同度量因素不能同时固定在报告期或同时固定在基期。下面以实例说明总量指标两因素分析的要领。

例如，

$$商品销售量 \times 商品价格 = 商品销售额$$
$$qp = pq$$

在因素分析中，它的指数体系及绝对量的关系为：

$$\frac{\sum p_1 q_1}{\sum p_0 q_0} = \frac{\sum q_1 p_0}{\sum q_0 p_0} \times \frac{\sum q_1 p_1}{\sum q_1 p_0}$$

$$\sum q_1 p_1 - \sum q_0 p_0 = (\sum q_1 p_0 - \sum q_0 p_0) + (\sum q_1 p_1 - \sum q_1 p_0)$$

即

$$销售额变动指数 = 各因素指数连乘积$$

2. 多因素分析

总量指标的多因素分析在指数体系上，表现为被研究现象的总变动指数等于3个或3个以上因素指数的乘积。同样，要保证3个或3个以上因素指数之积等于被研究现象变动的指数，最关键的是确定同度量因素的时期。在实际分析时必须注意以下几个问题：

（1）多因素分析必须遵循连环代替法的原则。即在分析受多因素影响的事物的发展变化时，要逐项分析，逐项确定同度量因素。当分析第一个因素变动影响后，接着分析第二个因素的影响，然后再分析第三个因素的影响，依次类推。

（2）在多因素分析中，为了分析某一因素的影响，要把其余因素固定不变。具体方法是：当分析第一个因素的影响时，把其他所有因素固定不变，并作为同度量因素固定在基期。当分析第二个因素变动的影响时，则把已经分析过的因素固定在报告期，没有分析过的因素仍固定在基期。当分析第三个因素的变动影响时，把分析过的两个因素固定在报告期，没有分析过的因素仍然固定在基期，依次类推。

（3）对多因素的排列顺序，要具体分析现象总体的经济内容，使之符合客观事物的联系或逻辑。各因素顺序的排列一般应遵循数量指标因素在前，质量指标因素在后的原则。具体可采用逐项层层分解法来确定。

例如，

$$原材料费用总额 = \frac{产品}{生产量} \times \frac{单位产品原料}{消耗量（单耗）} \times \frac{原材料}{单价}$$

$$Q_{mp} = q \cdot m \cdot p$$

指数体系可写为：

$$原材料费用总额指数 = \frac{产品}{产量指数} \times \frac{单位产品原材料}{消耗量指数} \times \frac{单位原材料}{价格指数}$$

$$\frac{\sum q_1 m_1 p_1}{\sum q_0 m_0 p_0} = \frac{\sum q_1 m_0 p_0}{\sum q_0 m_0 p_0} \times \frac{\sum q_1 m_1 p_0}{\sum q_1 m_0 p_0} \times \frac{\sum q_1 m_1 p_1}{\sum q_1 m_1 p_0}$$

【思考与讨论】

1. 用图示说明集中程度分析法各指标的不同。
2. 举例说明静态分析与动态分析的区别。
3. 应用 Excel 表格进行简单数据分析并绘图。

【案例分析】

1. 某省 3 种出口商品的统计资料如表 6-6 所示，要求据此分析出口价、出口量的变动对出口额的影响。

表 6-6　出口商品因素分析表

	单位	出口量		出口价（美元）		出口额（美元）		
		q_0	q_1	p_0	p_1	$p_1 q_1$	$p_0 q_1$	$p_0 q_0$
大米	吨	30000	40000	400	410	16400000	16000000	12000000
桐油	吨	3000	2500	1800	2000	5000000	4500000	5400000
茶叶	吨	1300	1700	2300	2400	4080000	3910000	2900000
合计						25480000	24410000	20390000

2. 假设某厂生产产品的有关资料如表 6-7 所示，要求运用指数体系，分析产品产量、单位产品原材料消耗量及单位原材料价格对原材料费用总额的影响。

表 6-7　某厂产品产量及其原材料单耗情况表

产品				原材料					
名称	单位	产量		名称	单位	单耗		单位购进价（元）	
		基期	报告期			基期	报告期	基期	报告期
（甲）	（乙）	q_0	q_1	丙	丁	m_0	m_1	p_0	p_1
A	套	5	6	（甲）	千克	100	90	15	14
B	套	6	4	（乙）	千克	50	45	40	38

【实践与训练】

1. 选择本地附近的某一商场或者超市，对其顾客满意度进行调研，对调研资料进行整理分析，绘制分析图表。

2. 某公司欲在本地开设一家大型电影院，但是对本地消费者对电影院消费的情况不清楚，拟对电影院的开设进行可行性研究，请为其进行相关调研，对调研资料进行整理分析，绘制分析图表。

第七章 市场调研报告的撰写

【教学目的与要求】

了解市场调研报告的意义与特点；明确市场调研报告的原则与撰写步骤；掌握市场调研报告格式撰写的内容与要求；能够根据实际调研资料撰写调研报告。

【导读案例】

尼康数码相机中国销售渠道调研报告

拥有80多年历史的老牌相机生产厂商尼康早在20世纪80年代初便进入我国，并在我国专业摄像市场占有重要地位。随着我国数码相机市场蓬勃发展，尼康以其可靠的产品质量、专业的生产技术赢得消费者的认可，在我国数码相机市场中也拥有较高的市场份额。作为国内首家互联网消费调研中心，ZDC从渠道角度对尼康数码相机的销售渠道进行调研，揭示尼康数码相机在我国的渠道分布及重点区域分布特征。

一、尼康数码相机中国销售渠道分布

尼康数码相机渠道在我国各大主要城市都有分布，其核心经销商主要分布在北京、辽宁、山东、江苏、上海、浙江、四川、广东和福建等地区。但是与佳能、柯达相比，尼康的渠道规模、数量相对较少。

尼康在我国的销售渠道策略采用了传统的总代理方式，其在国内有4家总代理，分别是量子今天、亮驰国际、丽达数码和新康华，该4家总代的经销商在全国各大主要城市都有分布。在2004年其他日系数码相机厂商大都采用渠道扁平方式，尼康依然坚持走总代分销的道路。

二、尼康数码相机经销商七大区域分布

1. 七大区域分布图

七大区域分布图如图7-1所示。

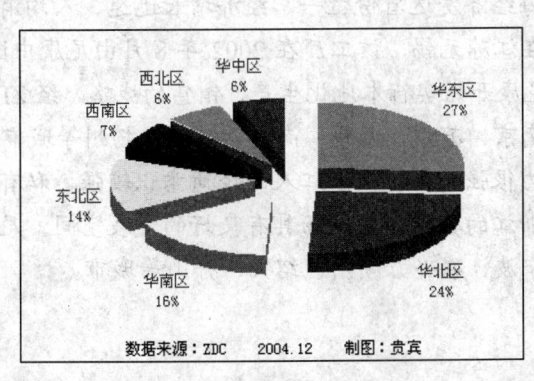

图7-1 尼康数码相机经销商七大区域分布比例图

2. 七大区域分布特点

在我国七大区域中，IT市场相对成熟的华东、华北、华南三个区域，尼康数码相机渠道覆盖度较高，经销商数量分别占到整体的27%、24%和16%；东北区和华南区分布比例接近，均占到14%左右。华东、华北、华南三大区域合计占到67%，其他四个区域分布比例都较少，合计占到33%。从渠道数量上看，厂商核心经销商数量规模不大，各个区域中传统的二级IT零售商，是尼康数码相机在终端市场中的主要渠道力量。

三、重点区域经销商分布

（一）华东区

1. 华东区分布图

华东区分布如图7-2所示。

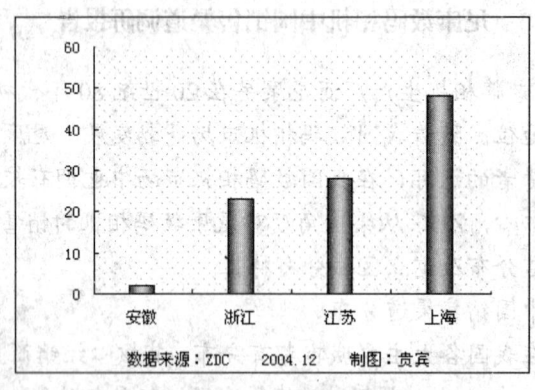

图7-2　尼康数码相机华东区经销商分布图

2. 华东区分布特点

尼康数码相机经销商在华东区主要分布在上海、江苏、浙江地区，安徽分布甚少。上海是华东地区数码产品最大的消费市场，经销商数量比江浙地区要多。上海是我国最大的商业城市，也是长江三角洲地区IT商品最重要的集散地之一，所以消费力强大的上海市场，是尼康数码相机重要的销售市场。上海地区的尼康数码相机主要以IT销售渠道为主，尼康经销商数量仅次于北京，居全国第二位。

江苏是我国东部沿海经济发达省份之一，经济增长迅速、人均消费水平高。尼康在华的第一个生产基地便设立在江苏无锡，该工厂在2002年8月由尼康中国公司投资6000万美元在无锡建成。建厂后，尼康开始实行本地化生产、销售的战略。经ZDC数据统计，尼康经销商在江苏省主要分布在南京、苏州、无锡、南通、常州、扬州等城市。

浙江是我国经济活力很强的省份，浙江人的经商意识较强，私有经济发展迅速，城乡居民收入增长较快，所以浙江的数码消费市场具有良好的发展空间。尼康数码相机在浙江的经销商主要分布在杭州、宁波、嘉兴、湖州、绍兴、舟山等城市。

（二）华北区

1. 华北区分布图

华北区分布如图7-3所示。

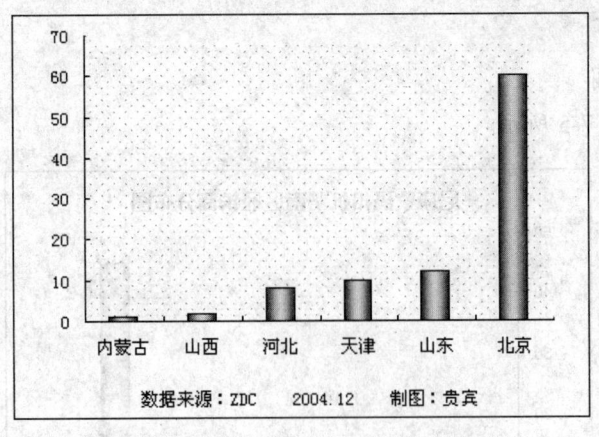

图 7-3 尼康数码相机华北区经销商分布图

2. 华北区分布特点

以北京为核心的华北地区，分布着尼康较多的数码相机经销商，其中以北京居多，其次是山东、天津地区，内蒙古和山西地区分布较少。北京的消费市场巨大，对周边省市辐射作用明显。由于尼康的总代理在北京，所以北京市场开拓比较容易，渠道支持力度相应地更直接。

山东作为我国经济大省，经济相对发达，信息化水平较高，其数码市场的增幅比较明显。山东的尼康数码经销商主要分布在济南和青岛地区，济南新华通作为尼康在山东省的主代理，主要以行业客户、零售终端和渠道分销为主体，对开拓山东数码市场做出不少成绩。

河北地区代理规模较小，由于距离北京较近的缘故，市场比较分散，经销商主要分布在石家庄、保定和唐山地区。

3. 北京中关村卖场分布特点

中关村卖场是北京数码产品销售最主要的平台，尼康数码相机经销商在中关村卖场分布主要汇集在人气旺盛的鼎好和海龙电子城，其中鼎好占到39%，海龙占到29%。科贸、太平洋和硅谷电脑城所占比例较小，合计占到32%，如图7-4所示。

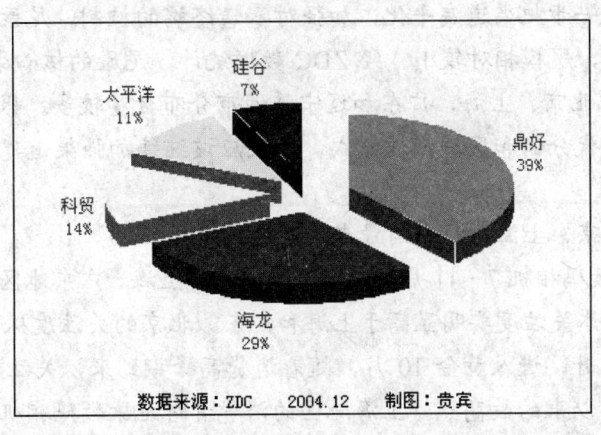

图 7-4 尼康数码相机经销商中关村卖场分布比例图

（三）华南区

1. 华南区分布图

华南区分布如图7-5所示。

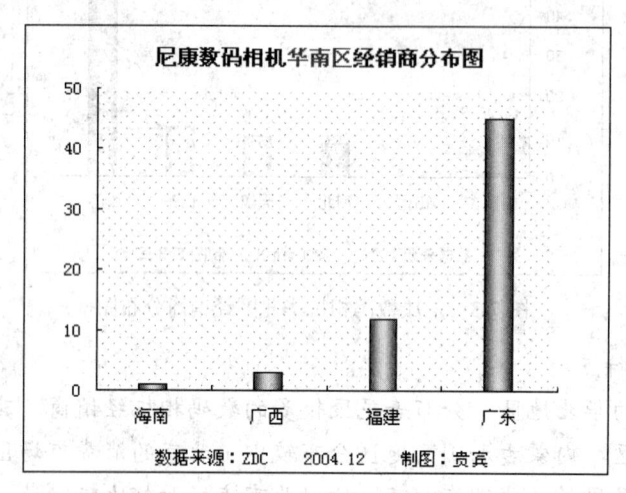

图7-5 尼康数码相机华南区经销商分布图

2. 华南区分布特点

华南地区经济发达，消费者对数码产品的接受能力强。广州是我国重要的工业基地和制造中心，以广州为核心的华南区成为数码相机厂商重要的管理平台和销售区域，随着奥林巴斯将亚太总部从中国香港迁至深圳，三洋的生产基地落户东莞，其他数码产品巨头也在华南地区成立销售公司，所以华南区的数码相机市场竞争日趋激烈。

尼康数码相机经销商在华南区主要是分布在广东和福建，广西和海南分布较少。经ZDC数据统计，在广东地区主要分布在广州、深圳、汕头地区。尼康为了规范产品渠道，保障客户利益，在广州、深圳设立了维修站点，为客户提供全面的服务和支持。

四、尼康数码相机核心渠道数量对比

现在数码相机市场日益成熟，销售渠道对于数码相机厂商越来越重要，国外数码厂商如佳能、奥林巴斯等进一步把渠道扁平化，加强对零售终端的控制。尼康数码相机销售渠道和佳能、奥林巴斯相比，规模相对较小。经ZDC数据统计，尼康的核心渠道主要分布在图7-6中的9大城市，其中北京、上海、广东和辽宁等城市分布数量较多。根据尼康数码产品销售的特点，采用全国总代分销和区域代理模式，尼康应该继续加强渠道建设，扩充渠道规模，提高渠道覆盖度。

五、尼康相机北京、上海、广东消费者关注度比较

经ZDC对尼康数码相机7~11月份5个月的北京、上海、广东地区的消费者关注度调研统计，发现北京的整体关注度要明显高于上海和广东。北京的关注度从7~9月份持续走低，从9月份开始缓慢回升，进入黄金10月，随着消费高峰期到来，关注度突然提升，到达11月份，上升到5个月以来的最高点。上海地区的消费者对尼康数码相机的关注度曲线和北京地区相比，较为平缓，7~8月份出现短暂的一个月下降趋势，从8月份开始，就逐渐回升到

11月份。广东地区的消费者对尼康数码相机的关注度比较单一，以9月份为零界点，关注度在7~9月下跌，9~11月呈现上扬态势，如图7-7所示。

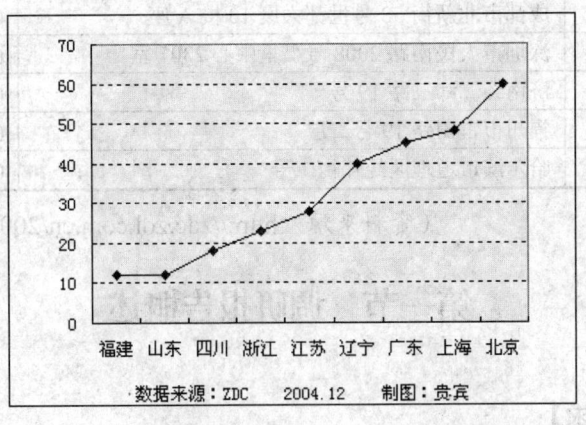

图7-6 尼康数码相机核心渠道数量对比图

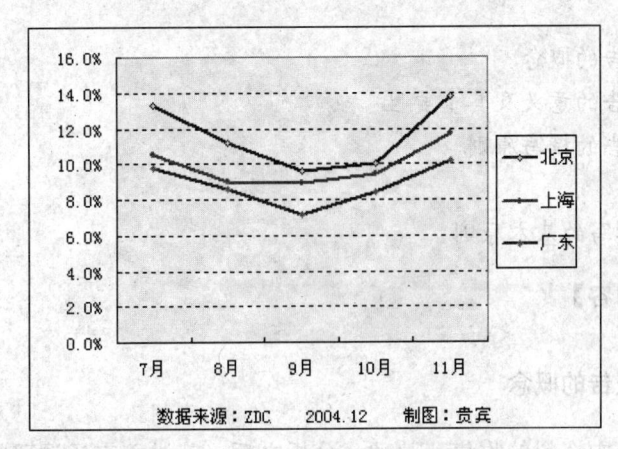

图7-7 尼康数码相机北京、上海、广东地区消费者关注度比较

通过比较北京、上海、广东三地区的消费者关注度变化，比较客观地反映了消费者对尼康数码相机在不同时期的关注率，可以使厂商和销售渠道把握用户不同时期的需求变化，对厂商给予渠道支持力度和广告投放力度，提供了有价值的参考意义。

六、尼康相机维修服务网络

数码相机作为高科技含量的消费品，售后服务是很重要的一个环节，这也是消费者购买产品时特别关注的一个因素。目前，尼康在我国8个城市建立了维修站。维修服务网络如表7-1所示。

表7-1 维修服务网络图

维修站名称	地址	电话
北京维修站	北京宣武门西大街57号	010-63074142
上海维修站	上海卢湾区淮海中路新华联大厦9-A	021-64745117
广州维修站	广州中山五路193号百汇广场1702-3室	020-83649499

续表

维修站名称	地址	电话
成都维修站	成都市北新街 58 号世都大厦 10 楼 A 座	028-86736283
深圳维修站	深圳市人民南路 2008 号嘉里中心 2307 室	0755-25181618
济南维修站	济南经二纬三路 19 号	0531-6057080
福州维修站	福州市古田路 19 号二层	0591-83368346
黑龙江维修站	哈尔滨市道理区经伟街 1 号	0451-4670084

（资料来源：http://zdc.zol.com.cn/2004/1221/137256.shtml）

第一节 调研报告概述

【学习目标与要求】

● 知识点
1. 了解调研报告的概念
2. 把握调研报告的意义及其重要性
3. 理解调研报告的撰写原则
● 技能点
掌握调研报告撰写的基本原则

【讲授与训练内容】

一、市场调研报告的概念

在完成市场调查中资料的收集、整理、分析之后，就进入市场调研的最后一个步骤，也是一项非常重要的工作——撰写市场调研报告。市场调研报告是以一定类型的载体、载荷反映市场状况的有关信息，并包括某些调研与预测结论和建议的形式。将调查研究的结果以文字和图表的形式规范地表达出来，以使委托方了解调研的目的、过程、方法和结论，并以此作为相关人员决策的依据和基础。调研报告的目的是告诉有关读者，对于所研究的问题是如何进行调查的，取得了哪些事实资料，形成了什么样的观点，对管理决策问题的解决有何启发和借鉴，可能还存在什么问题和局限性等。

市场调研报告是市场调查研究成果的集中体现，撰写质量的高低直接影响到报告使用人的使用效果，进而影响决策者的决策效果。因此，研究者必须高度重视调研报告的写作，否则整个调研工作可能功亏一篑。要写好调研报告，就要明确调研报告的重要意义和撰写的原则，掌握市场调研报告的结构和一般格式。

二、市场调研报告的意义

一篇好的市场调研报告，对深化企业决策者对市场的认识，指导和推动市场营销管理活动的有效开展，具有非常重要的意义和作用，主要表现在以下几个方面：

（1）好的市场调研报告，可以帮助决策者深入了解并掌握有关市场方面的基本情况，从而为解决实际管理问题制定正确的决策和提出切合实际的方案。

（2）研究者可以通过市场调研报告进行交流，以便促进对某一营销研究问题的深入探究。

（3）市场调研报告是衡量和反映市场调研活动质量高低的重要标志。尽管市场调研活动的质量还要体现在市场调研活动的策划、方法、技术、资料处理过程中，但调研结论的准确性无疑是市场调研能否支撑管理决策的决定性因素。

（4）一份好的市场调研报告还可以作为二手资料被反复使用和继承，帮助企业研究其他市场问题，从而使市场调研的成本降低，产生显著的学习效果。

鉴于以上意义，市场调研报告的撰写工作毋庸置疑应该引起研究者的高度重视。

三、市场调研报告的撰写原则

不同的市场调研报告有不同的目标，但是准确无误地表达研究者的意思，忠实地反映调研的客观事实，提供给委托方建设性的行动建议的调研报告撰写应该遵循的总原则。在实际撰写市场调研报告时，研究者应遵循以下基本原则。

1. 实事求是

市场调研的目标是揭示经济现象和事物的真实状态，为企业决策提供信息支撑，因此调研的过程必须遵循科学方法。作为调研过程和结果的载体，市场调研报告的撰写必须坚持实事求是的态度，不应受个人偏见和主观因素的影响。唯有如此，市场调研报告的结果才能成为企业决策人员的有效依据，否则，不仅会使调研流于形式，浪费企业的人力、物力和财力，而且可能会导致企业做出错误的决策，造成无法弥补的损失。

> **特别提示：**
>
> 在实际工作中，某些研究者可能为了缓和或者避免市场调研结果与企业决策者的期望或判断之间的冲突，故意歪曲市场调研结果，以获得决策者的认同，这种情况对委托方的问题解决和研究者的职业声誉都是致命的，委托方和研究者应力求避免。一方面，市场调研人员应该遵守自己的职业道德，忠于客观事实，敢于实话实说；另一方面，企业的决策人员应摆正对调研工作的态度，善于接受正、反面信息，并进行客观评价。

为了坚持实事求是，确保市场调研的真实性，需要调研人员付出极大的努力。首先需要确保调研报告中出现数字的准确性，这是调研中的一个难点，因为在调研实践中，数字是很不容易搞准确的。其次，由于人们的认识能力具有一定的局限性，因而在调研报告中要做出准确的判断也不是轻而易举的。最后，由于种种原因，在调研过程中，少数人弄虚作假，虚报瞒报，为准确地反映客观事物带来人为的困难。只有深入调查研究，力求弄清事实，摸清原因，才能真实地反映事物的本来面目。

2. 时效性

当前，随着经济全球化和科学技术的迅速发展，企业面临的市场状况也呈现出瞬息万变的特征，即企业面临的环境不确定性大大增强了。因此，市场调研的结果往往只能反映一定时间和空间条件下的现实情况，具有很强的时效性。为了提高市场调研的时效性，市场调研报告应尽可能克服时滞，反映当前事物的主要特征，并及时提供给使用者（如企业的决策者），以便适时做出决策，进而使企业能够更好地适应日益激烈的市场竞争。

3. 客户导向

市场调研报告最终会提供给委托方使用和阅读，而这些客户或使用者在很多情况下并不是唯一的。由于知识水平、决策性质和使用时机不同，报告使用者所需了解的信息也不同，使用者在知识结构，甚至兴趣上的差别也可能会影响其对报告的使用。例如，分别提供给企业决策者和评审专家一份相同主题的调研报告，在报告的信息、结构和表达形式上可能是不同的。提供给企业决策者作为决策的依据，调研报告可以着重描写"是什么"、"为什么会这样"、"如果……将会怎么样"，以便决策者尽快了解市场现象的状态与原因，采纳行动建议。提供给专家评审的调研报告，则由于专家对于事实情况、引发的原因都十分清楚，他们可能更关心报告中的结论是通过什么方法分析得到的，因此，调研报告中应详尽地表述市场调研所采用的调研方法、数据分析方法，从而为他们判断市场调研结论的有效性提供证据。

> **特别提示：**
> 在撰写市场调研报告之前，应该回答以下问题：
> （1）市场调研报告的使用者是谁？
> （2）市场调研报告使用者各自的信息需求是什么？各自关注调研报告的哪些方面？
> （3）是否要根据不同使用者的具体情况编写不同的调研报告？这样是否花费太大？是否值得？

4. 简洁易读

市场调研报告的篇幅应适当，尽量保持简洁。特别要注意的是，在实践中，市场调研人员容易走入这样的误区，认为调研报告应具有完整性，不应遗漏重要信息，简洁必然会使某些信息无法在调研报告中反映。需注意的是，此处所说的简洁主要是强调市场调研报告的写作内容应有所取舍，围绕调研目标，突出重点，而不是对每一项内容都给予同等看待。同时调研报告的行文应当直截了当，避免使用冗长、烦琐、复杂的句子。

同时，市场调研报告应该方便使用者阅读。一般来说，可以用图表、图片或者其他视觉工具加强正文中的关键信息。研究发现，带有图表等辅助视觉工具的市场调研报告与纯文字叙述的调研报告相比，更易于让人接受，且更直观。但是也应意识到，图表只是为了说明主题，不能代替主题，相关的统计资料应被简洁地表现，图表的主题须一目了然，应该有编号，以便相关人员核对和使用。

5. 易于理解

市场调研报告的撰写应合理安排报告的各部分内容，力求层次分明、思路清晰、逻辑严谨，让使用者很容易理解报告各部分内容之间的内在联系。同时，考虑到报告使用者各自知识背景和信息需求的差异，调研报告应尽量避免使用过多的专业术语及数据分析的技术细节，必要时可以放在调研报告后的附件中，以备有兴趣的人员检索查阅。

6. 外观专业

市场调研报告的外观和内容同样重要。其原因在于，大多数的市场调研报告的使用者由于自身知识水平的限制和相关调研知识的缺乏，可能无法单纯从内容来判断市场调研过程和结果的质量，从而无法准确判断市场调研报告的准确性、科学性和有效性。如同服务质量存在无形性，服务营销理论强调有形证据一样，市场调研报告的使用者也可能"以貌取人"。这就意味着，报告使用者可能把市场调研报告内容的组织、纸张质量和印刷格式等作为判断报告质量的参考标准。尽管调研问题定义准确，调研过程也十分严谨，但报告内容组织缺乏逻辑，印刷的纸张质量很差（也可能是为了给委托方节省成本），或字迹模糊、排版混乱，委托方可能因为这些原因来认定市场调研报告的质量是不可靠的。因此，从这个角度讲，高质量的纸张、打印、装订、印刷格式多样化、字号大小多样化等可以使市场调研报告拥有漂亮而专业的外观，赢得客户的信任。

第二节 调研报告的撰写

【学习目标与要求】

● 知识点
1. 市场调研报告的意义与特点
2. 市场调研报告的原则与撰写步骤
● 技能点
掌握市场调研报告格式撰写的内容与要求

【讲授与训练内容】

一、市场调研报告的结构与内容

（一）市场调研报告的结构

在正式撰写市场调研报告之前，还应明确市场调研报告的撰写格式，明确格式更有利于市场调研报告的编写、使用和沟通，通用的写作格式是通过实践总结出来的，具有很强的应用性和科学性。市场调研报告的格式并不是完全统一的，具体的结构、体例和风格会因市场调研项目的需要、调研者及委托方的风格，甚至调研人员本身的个性、经验等因素的不同而有所差异。

鉴于此，在这里介绍市场调研报告的一般结构和内容，作为市场调研人员撰写市场调研报告的参考模板，如表 7-2 所示，在实际工作中，调研人员可根据实际的需要在此基础上增减有关内容。

表 7-2 市场调研报告的结构与内容

编号	标题	内容
1	封面	包括市场调研题目、报告日期、委托方、调研方
2	目录	包括市场调研报告章节目录,表格目录,图形目录,附录目录等
3	概要	市场调研项目的基本情况
4	正文	市场调研报告的主要部分
5	结论与建议	市场调研综合分析的主要目的
6	附件	包括市场调研问卷、数据分析细节和其他

(二)市场调研报告的内容

以上简单介绍了市场调研报告的基本格式,但没有对各构成部分所应包含的内容作具体的解释,接下来对市场调研报告的内容结合案例进行详细介绍,以便对调研报告的撰写有一个直观的认识。

1. 封面

封面包括市场调研题目、报告日期、委托方、调研方,一般应打印在扉页上。

市场调研报告的标题一般要将调研对象,尤其是调研内容明确而具体地表达出来,如《关于青岛市居民收支、消费及储蓄情况的调研报告》。也有一些调研报告采用主、副标题的形式,一般主标题说明市场调研的主题,副标题则具体表明调研的单位和问题,如《"上帝"眼中的《半岛都市报》——《半岛都市报》读者调研总体研究报告》。

2. 目录

如果调研报告的内容、页数较多,为了方便读者阅读,应当使用目录。目录应列出市场调研报告的各个组成部分及其在报告中所在的页码。在大多数报告中,目录一般包含报告的主要章、节、一级标题和二级标题,但这不是绝对的,撰写者可根据调研报告的长度来决定目录的详细程度。此外,如果报告中涉及较多的图表和技术说明,在报告后还应列出表目录、图目录、附件目录和展示目录。

例如,

目　　录

一、调研与组织实施 ·· 1
二、调研对象构成情况简介 ·· 8
三、调研的主要统计结果简介 ·· 14
四、综合分析 ·· 20
五、数据资料汇总表 ··· 28
六、附录 ·· 29

3. 概要

这部分内容供管理决策者阅读,使管理决策者了解市场调研过程的概貌,快速获取对决策有参考价值的信息。调查报告摘要应准确地描述研究问题、研究方法和研究设计,着重凸现研究的结论和行动建议,在整个市场调研报告中占有非常重要的地位。受制于时间、知识结构等原因，众多市场调研报告的使用者不可能全面详细地阅读调研报告的内容和技术细节，更多的情况是通过阅读调研报告的摘要部分来了解调研的情况，了解对决策有帮助的重要信息和研究者的行动建议。因此，摘要撰写的质量直接关系到报告使用人对调研报告的主观感受、使用和评价。

通常，摘要主要阐述调研项目的基本情况，它是按照市场调研项目的顺序将问题展开，并阐述对调研的原始资料进行选择、评价、作出结论、提出建议的原则等。主要包括4个方面的内容：

（1）简要说明调研目的。即简要地说明调研的由来和委托调研的原因。

（2）介绍调研对象和调研内容，包括调研时间、地点、对象、范围、调研要点及所要解答的问题。

（3）简要介绍研究的方法和过程。

例如，某调研工作技术报告"执行情况"部分如下：

本次抽样采用二阶段抽样技术，根据第四次人口普查数据，在第一阶段中使用PPS抽样技术从××地区随机抽出20个居委会，第二阶段从每个居委会中使用SRS技术随机抽出50个居民户。抽样置信度5%。

抽样及入户调研由国际公认的调研网认证通过。

问卷设计与后期数据处理及技术分析报告由××××技术公司完成。抽样与入户调研由××××城调研队负责完成。调研进行日期从×年×月×日至×日。

问卷设计为封闭式，共81个问题。入户调研采用调研员询问代填方式。问卷总数1001份收回997份。

抽样基本情况：抽样的男女比例与总体一致，年龄分布呈正态分布；被调研所占比例最多的行业为国营企业、事业单位及政府机关；所有的被调研者中有84.45%的享受公费医疗；被调研者中39%的人收入在2000~4000元之间，45%的人收入在4000~8000元之间，79.7%的人均已婚并有小孩。

（4）简要介绍调研的结果和行动建议。

一般来说，摘要应以较小的篇幅，对市场调研报告中最重要的内容进行概括总结。其写作要领是要点突出、简明扼要、不要纠缠细节，一般放在正文的前面，方便使用者阅读和查询。

4. 正文

正文是市场调研报告的主要部分。正文部分必须准确阐明全部有关论据，包括问题的提出到引出的结论，论证的全部过程，分析研究问题的方法。还应当有可供市场活动的决策者进行独立思考的全部调研结果和必要的市场信息，以及对这些情况和内容的分析、评论。

5. 结论和建议

结论和建议是撰写综合分析报告的主要目的。这部分包括对引言和正文部分所提出的主要内容的总结，提出如何利用已证明和正文部分所提出的主要内容的总结，提出如何利用已证明为有效的措施和解决某一具体问题可供选择的方案与建议。结论和建议与正文部分的论述要紧密对应，不可提出无论据的结论，也不要没有结论性意见的论证。

6. 附件

附件是指调研报告正文包含不了或没有提及，但与正文有关必须附加说明的部分。它是对正文报告的补充或更详尽说明。一般附件是说明和展示调研过程中所使用的某些工具、技术手段。这些内容由于种种原因不宜放入正文，通常包括调研提纲、调研问卷和观察记录表、被访者（机构单位）名单、较为复杂的技术说明、关键数据的计算（最关键数据的计算如果所占篇幅不大，应该编入正文）、较为复杂的统计表和参考文献等。

二、市场调研报告的撰写步骤

1. 构思

构思是根据思维运动的基本规律，从感性认识上升到理性认识的过程。通过收集到的资料，即调研中获得的实际数据资料及各方面背景材料，初步认识客观事物。在此基础上，做好以下3件事：

其一，确立主题思想。在认识客观事物的基础上，确立主题思想。

其二，确立观点，列出论点、论据。确定主题后，对收集到的大量资料，经过分析研究，逐渐消化、吸收，形成概念，再通过判断、推理，把感性认识提高到理性认识。然后列出论点、论据，得出结论。

> **特别提示：**
> 在做出结论时，应注意以下几个问题：
> （1）一切有关实际情况及调研资料是否考虑了？
> （2）是否有相反结论足以说明调研事实？
> （3）立场是否公正客观、前后一致？

其三，安排文章层次结构。在完成上述几步后，构思基本上就有个框架了。在此基础上，考虑文章正文的大致结构与内容，安排文章层次段落。

> **特别提示：**
> 调研报告的层次一般分为3层，即
> （1）基本情况介绍。
> （2）综合分析。
> （3）结论与建议。

2. 搜集数据资料

市场调研报告的撰写必须根据数据资料进行分析。即介绍情况要有数据作依据，反映问题要用数据做定量分析，提建议、措施同样要用数据来论证其可行性与效益。

选取数据资料后，还要运用得法，运用资料的过程就是一个用资料说明观点、揭示主题的过程，在写作时，要努力做到用资料说明观点，用观点论证主题，详略得当，主次分明，使观点与数据资料协调统一,以便更好地突出主题。

3. 撰写初稿

根据撰写提纲的要求,由单独一人或数人分工负责撰写,各部分的协作格式、文字数量、图表和数据要协调,统一控制。

4. 定稿

写出初稿,征得各方意见进行修改后,就可以定稿。定稿阶段,一定要坚持对事客观、服从真理、不屈服于权利和金钱的态度,使最终报告较完善、较准确地反映市场活动的客观规律。

三、市场调研报告的撰写形式与技巧

(一)形式

1. 标题的形式

标题是画龙点睛之笔,它必须准确揭示调研报告的主题思想,做到题文相符。标题要简单明了,高度概括,具有较强的吸引力。

标题的形式有3种:

(1)"直叙式"的标题,是反映调研意向或只透出调研地点、调研项目的标题。

例如,"××市居民住宅消费需求调研"等。

(2)"表明观点式"的标题,是直接阐明作者的观点、看法,或对事物的判断、评价的标题。

例如,"对当前巨额结余购买力不可忽视"等调研报告的标题。

(3)"提出问题式"的标题,是以设问、反问等形式,突出问题的焦点和尖锐性,吸引读者阅读,促使读者思考。

例如,"××牌产品为什么滞销?"等形式的标题。

以上几种标题的形式各有所长,特别是第二、三种形式的标题,它们既表明了作者的态度,又揭示了主题,具有很强的吸引力。但从标题上不易看出调研的范围和调研对象。因此,这种形式的标题又可分为正标题和副标题,并分作两行表示。

例如,

××牌产品为什么滞销
——对××牌产品的销售情况的调研分析

女人生来爱逛街
——京城女士购物消费抽样调研报告

2. 开头部分的形式

"万事开头难",好的开头,既可使分析报告顺利展开,又能吸引读者。开头的形式一般有以下几种:

(1)开门见山,揭示主题。文章开始先交代调研的目的或动机,揭示主题。

例如,"我公司受××电视机厂的委托,对消费者进行一项有关电视机的市场调研,预测未来几年大众对电视机的需求量及需求的种类,使××电视机厂能根据市场需求及时调整其产量及种类,确定今后发展方向。"

（2）结论先行，逐步论证。这是先将调研结论写出来，然后再逐步论证。

例如，"××牌收银机是一种高档收款机，通过对××牌收银机在×市各商业部门的拥有、使用情况的调研，我们认为它在×市不具有市场竞争能力，原因主要从以下几个方面阐述……。"

（3）交代情况，逐层分析。可先介绍背景情况、调研数据，然后逐层分析，得出结论。也可先交代调研时间、地点、范围等情况，然后分析。

例如，"关于香皂的购买习惯与使用情况的调研报告"的开头："本次关于对香皂的购买习惯和使用情况的调研，调研对象主要集中于中青年，其中青年（20~35岁）占55%，中年（36~50岁）占25%，老年（51岁以上）占20%；女性为70%，男性30%……。"

（4）提出问题，引入正题。

例如，"关于方便面市场调研的分析报告"中的开头部分："从去年下半年开始，随着××方便面的上市，各种合资的、国产的方便面如统一、华龙、日清、今麦郎等牌号似雨后春笋般地涌现，如何在越来越激烈的市场竞争中立于不败之地？带着这些问题，我们对×市部分消费者和销售单位进行了有关调研。"

3. 论述部分的形式

论述部分是调研报告的核心部分，它决定着整个调研报告质量的高低和作用的大小。这一部分着重通过调研了解到的事实分析说明被调研对象的发生、发展和变化过程，调研的结果及存在的问题，提出具体的意见和建议。

由于论述一般涉及内容很多，文字较长，有时也可以用概括性或提示性的小标题，突出文章的中心思想。论述部分的结构安排是否恰当，直接影响着分析报告的质量。论述部分主要分为基本情况部分和分析部分两部分内容。

（1）基本情况部分。主要有3种方法：

1）先对调研数据资料及背景资料做客观的说明，然后在分析部分阐述情况的看法、观点或分析。

2）首先提出问题，提出问题的目的是要分析问题，找出解决问题的办法。

3）先肯定事物的一面，由肯定的一面引申出分析部分，又由分析部分导出结论，循序渐进。

（2）分析部分。分析部分是调研报告的主要组成部分。在这个阶段，要对资料进行质和量的分析，通过分析了解情况，说明问题和解决问题。分析有3类情况：

1）原因分析，是对出现问题的基本成因进行分析，如对××牌产品滞销原因分析，就属于这类。

2）利弊分析，是对事物在市场活动中所处的地位、起到的作用进行利弊分析等。

3）预测分析，是对事物的发展趋势和发展规律做出的分析。

例如，对××市居民住宅需求意向的调研，通过居民家庭人口情况、住房现有状况、收入情况及居民对储蓄的认识，对分期付款购房的想法等，对××市居民住房需求意向进行预测。

（3）论述部分的层次段落。

一般有4种形式：

1）层层深入形式，各层意思之间是一层深入一层，层层剖析。
2）先后顺序形式，按事物发展的先后顺序安排层次，各层意思之间有密切联系。
3）综合展开形式，先说明总的情况，然后分段展开，或先分段展开，然后综合说明，展开部分之和为综合部分。
4）并列形式，各层意思之间是并列关系。

总之，论述部分的层次是调研报告的骨架，它在调研报告中起着重要作用，撰写市场调研报告时应注意结合主题的需要，采取什么写法，应该充分表现主题。

4. 结尾部分的形式

结尾部分是调研报告的结束语，好的结尾可使读者明确题旨，加深认识，启发读者思考和联想。结尾一般有4种形式：

（1）概括全文。经过层层剖析后，综合说明调研报告的主要观点，深入文章的主题。
（2）形成结论。在对真实资料进行深入细致的科学分析的基础上，得出报告结论。
（3）基础看法和建议。通过分析，形成对事物的看法，在此基础上，提出建议和可行性方案。提出的建议必须能确实掌握企业状况及市场变化，使建议有付诸实行的可能性。
（4）展望未来，说明意义。通过调研分析展望未来前景。

（二）撰写报告的语言

调研报告是用书面形式表达的语言，提高语言表达能力，是写好调研报告的重要条件之一。有了丰富的资料，深刻的感受，而写作不能得心应手，辞不达意，则会使整个调研研究工作功亏一篑，前功尽弃。报告的语言要逻辑严谨、数据准确、文风质朴、简洁生动、通俗易懂、用词恰当，并且善于使用表格、图示表达意图，避免文字上的累赘。

（三）撰写报告应注意的问题

在市场调研报告撰写中经常会出现一些问题，对于这些要提高警惕，并在实践中尽可能地避免。

1. 忘记了调研目标

在实践中，调研人员可能费尽心思地堆砌了各种各样的材料，似乎这样能让调研报告看起来更丰富，更容易让人相信，但是结果是什么呢？结果往往是在堆砌这些材料的时候忘记了调研的真正目标是什么，要解决的企业营销问题是什么。相应地，由这些与调研目标无关的材料得出的结论与建议显然也不会对营销问题的解决有任何帮助，反而会使调研者之前所做的市场调研工作徒劳无益，劳民伤财。

2. 将分析工作简单化

即资料数据罗列堆砌，只停留在表面文章上，根据资料就事论事，简单介绍式的分析多，深入细致的分析及观点少，无结论和建议，整个调研报告的系统性很差，降低分析报告的价值。只有重点突出，才能使人看后留有深刻的印象。

3. 面面俱到、事事俱细地进行分析

把收集来的各种资料，无论是否反映主题，全都面面俱到，事事俱细地进行分析，使读者感到杂乱无章，读后不知所云。一篇调研报告自有它的重点和中心，在对情况有了全面了解之后，经过全面系统的构思，应能有详有略，抓住主题，深入分析。

4. 认为质量取决于篇幅

调研报告的使用者有可能会以调研报告的长短来判断调研报告的质量。因而使调研者很容易走到"报告越长，质量越高，可信度越高"的误区。这样做的后果不仅无益于市场调研报告质量的提高，反而有可能使调研者陷入众多信息的沼泽中，而忽视调研报告使用者的信息需求，降低调研报告的使用价值。

确定调研报告的长短，要根据调研目的和调研报告的内容而定，对调研报告的篇幅，做到宜长则长，宜短则短，尽量做到长中求短，力求写到短小精悍。

5. 图表应用的不恰当

通常图表的应用可以使调研报告更形象生动，更便于报告使用者理解和阅读，但是如果图表运用不恰当就会适得其反，具体表现为，一方面，调研者往往认为只要用图表把调研结果展示出来就可以了，结果调研结果成了简单的图表、数字罗列，而缺乏充分和必要的解释，进而导致有效的信息无法传达给报告的使用者；另一方面，调研者为了显示调研报告的价值，可能会把图表做得过于复杂，希望一次显示他们的精心准备和调研态度，并赢得调研报告使用者的信任，但事实却是这些图表往往并不能很好地履行它们的使命。

6. 误导调研报告的使用者

这方面的情况通常会发生在下面两种情况中：一种是在一个相对小的样本中，把引用的数字保留到两位小数以上，这通常会使报告的使用者产生一种错觉，认为数字是准确的。另一种情况使调研者对资料的解释出现误差，这种误差的产生可能是由于调研人员缺乏相关知识造成的，比如量表知识的缺乏可能就会导致此问题的产生。

【思考与讨论】

1. 举例说明市场调研报告撰写过程中应遵循什么原则？
2. 试举例说明格式与内容的关系。
3. 撰写调研报告应注意哪些问题？
4. 如何评估一份市场调研报告？

【案例分析】

大学生网络购物调研报告

选题背景

随着上网人数的不断增加，电子商务将是互联网未来发展的趋势，人们的网上购物热情将进一步膨胀。而大学生又是这个购物群体非常重要的一部分，对此，我们开展了有关大学生网上购物情况的调查研究，并且以重庆大学虎溪校区学生为母体进行调研、分析。

调查目的

大学生是一个特殊的消费群体，对大学生网络购物特征进行研究，有助于我们对大学生网上购物情况有所了解，从中分析当代大学生的消费构成及对网购的接受程度。本研究通过调查问卷等方式对大学网络购物情况进行了调查，以重庆大学虎溪校区学生为母体进行调研，以了解重庆大学虎溪校区学生对网上购物的接受情况，网上购物的原因，网上购物的品种等。

一、大学生网络购物群体特征

（1）性别年龄特征。调查结果显示，54%的被调查学生有过网上购物经历，而男生网络购物群略高于女生。互联网在男生中的普及程度要高于女生，男生比女生更敢于冒险和追求新的事物，而且男生的网络基础知识比女生普遍，这可能是造成大学男生网络购物比率要高于女生的原因。

（2）年级特征。调查发现，大二的学生网上购物的比例明显高于大一的学生，由此可见，排除学校开网政策的影响，网龄对网络购买影响较大，网龄越高越容易进行网上购物。

二、网络购物原因分析

1. 选择网购的原因

调查显示，有过网络购物经历的被访者们选择网络购物的原因主要有时效性、便利性、价格低及商品多样性。由此可以看出，大学生选择网上购物的原因主要在于网上购物更方便，更能够节约成本，同时也可以获得更丰富的商品信息。

其中，男生对时间要求多一点，图节约时间、方便和价格便宜。而女生在此基础上对商品的种类和商品的样式有了更高的要求，可见网上购物满足了不同层次和不同种类的购物需求，其优势在现代繁忙的社会日益体现出来，已发展成为一种潮流，成为一种势不可挡的趋势。

2. 不尝试网络购物的原因

调查显示，在没有购买经历的大学生中，没有尝试网络购物的原因主要有对网站不信任，怕受骗，质疑其安全性，担心网上付款环节等。没有网络购物经验的消费者对网络零售商的了解很少，而质量、信息搜索及订购都是在消费者真正进行消费时才能够切身感受到。因此，这些因素不会在很大程度上影响消费者是否参与网络购物。

三、大学生网络购物行为特征

1. 购买金额

从调查结果来看，56%的学生的平均购物金额为100～200元，这与上述的大学生主要购买的商品和服务类型是相吻合的。

根据我们此次对大学生网上购物的调查，从我们获知的大学生每月的网购花费的统计数据上来看，被调查的大学生平均每月的网购花费为200元（加权平均而得）。其中每月网购花费在50元以下的同学占到了74%，花费在50~150元间的同学占到20%，而平均每月网购花费在150~300元及300以上的同学仅占5%和1%。大部分同学在网购上花费都限制在100元以内，而根据有关调查，虎溪校区大学生平均每月生活费为500元左右，网购的支出仅占他们的生活费的15%左右，通过这些数据可以看出，网上购物现在发展还不成熟，大多数同学仍对其报观望的态度，并没有把网上购物作为其日常购物消费的主要渠道，这也就反映出同学们对网上商品的信任度不高，甚至可以说很低，这一点，从大学生在网上所购的商品的种类更能说明。

2. 购买的商品或服务类型

从调查结果来看，大学生在网上最常购买的商品和服务包括图书、服装鞋帽、数码音像制品、化妆品及个人护理用品等，这与中国互联网络信息中心（CNNIC）对全民调查得出的用户在网上购买的商品和服务是基本一致的，这些商品和服务更体现了大学生在生活、学习和文化娱乐等各个方面的消费。

四、大学生对网络购物的评价特征

1. 网上购物的担心因素

从调查结果来看，有网络购物经验者对商品的质量担心程度最高（37.9%），对售后服务和物流快递的评价较低，对商品种类、查询方便性的评价较高。没有网络购物经验者更多的是对网上消费的安全与隐私表现出了较大的不信任倾向，而有过网上购物经验的大学生，已经对其建立起了基本的信任，说明大学生的初次网络购物体验非常重要。

2. 网购的满意程度

我们看到：同学们对网上购物的评价总体较好。有67%的同学对网上购物商品的满意程度为一般。23%的同学持满意的态度。而评价为很不满意、不满意的同学共占10%。但也有值得重视的问题：没有一位同学对网上购物的商品持很满意的态度。可见，虽然网上购物的商品基本能够达到要求，但距离同学们的期望值还是有一段差距的。作为一项新兴的购物方式，它的提升空间还是相当大的，我们期待它以后能有更好的表现。

3. 遇到问题怎么办

当同学们在网上购买的商品不合心意或有质量问题时，有23%的同学想退货，但又不知道通过什么渠道办理退货。13%的同学表示非常生气，不再网上购物了，18%的同学认为东西不多吃点亏算了。对于要求销售网点退货或提出投诉的同学共占46%。以上数据显示，在网上购物的过程中消费者与厂商的沟通渠道不够畅通，造成许多同学在消费者的合法权益受到侵害时，无法及时有效地维护自己的合法权益，只能束手无策或忍气吞声地被动接受。对此，笔者以为加强消费者与厂商的沟通，开辟更便捷、实效性强的售后服务是网上购物发展亟待解决的问题。

4. 未来购买意愿

从调查结果来看，大部分大学生网络购物者明确表示在未来的一年还会继续进行网络购物83.7%，明确表示不会的很少，仅6%。即使至今没有尝试过网络购物的大学生，在被问及"以后是否会尝试网络购物"时，表示今后会进行网络购物的占到69%，说明他们对网络购物的发展非常期待，在网购条件让他们感到满意时愿意去尝试。网络购物与传统购物相比在方便及时性、信息的丰富性等方面具有很多优势，会吸引越来越多的大学生参与网络购物。

5. 网络购物前景

绝大多数的大学生认为网络购物的前景广阔，发展空间大，会被人接受。在43份持赞同态度的问卷中，回答主要有网购的前景好、价格便宜、发展空间大、物品种类齐全、方便、新兴、节约时间等。在37份有抵触态度的报告中，大多意见是对质量不放心、安全没有保障、无售后服务、邮递时间长等。在10张从双方面讨论的观点中，一方面对目前的信用、质量及网购的体制不放心；另一方面，相信他的潜力大、前景良好。纵观这些回答，可以得出网购在目前已经被一般的人所接受，但由于目前的一些问题使得仍然有2/5的人不愿意接受。相信随着体制的改进，网购会被越来越多的人所接受。

报告结论

1. 大学生网上购物前景广阔

大学生虽然受经济条件的约束，在校期间无法开展更多的网上购物活动，但其参加工作之后将会在很大程度上成为社会中、高收入的群体。所以，大学生的价值也绝不仅仅局限于他们目前的实际购买量，而在其终身价值，一旦有了固定的收入，他们参与电子商务活动的潜力是巨大的。此次问卷调查也支持这一结果，37.8%的被调查学生有过网上购物经历；83.7%的大学生网络购物者明确表示在未来的一年还会继续进行网络购物；69%没有尝试过网络购物的大学生也表示今后会进行网络购物。

2. 大学生网上购物市场已经形成

由调研可以看出，大学生上网已经普及，大学生每天上网的平均时间普遍为 1~5 小时，这些人群对网络可谓相当依赖，同时，在曾经有过网上购物经验的人群里 86%的购物者对其进行的网上购物是基本满意的，说明至少有 86%的人对网上购物是能够接受的。以上数字说明，面对大学生的网上市场已经形成，正等待商家去开发。

3. 购物首选网站比较集中

调查结果显示，大学生购物首选网站集中在几个网站。在每一类网站中，大学生的选择都集中在某几个知名度非常高的网站。这种现象在拍卖网站中表现得更为明显，84 位选择拍卖网站的学生中有 74 位选择了淘宝，只有 26 位学生选择了其他网站。另外，目前中国 B2C 购物网站数量已超过 12000 个，但调查结果却显示大学生们网上购物的首选网站主要集中在卓越、当当等几个网站中。门户类网站的得票也基本上被网易、新浪两大门户网站瓜分。

4. 网购和传统购物的对比

虽然说网上购物有很多的优势，在此将不再一一例举了，而传统的购物形式还是不可替代的。比如去买衣服、鞋子，以及自己没有用过的化妆品之类的东西，需要自己亲自去试了才确定要买，这样的商品，人们一般情况下还是会选择传统购物。

电子商务的快速发展给网购带来新的革命、新的生机，也是将来购物发展的趋势。大学生网上购物现在已经越来越流行，如何做好网上购物，是当代大学生要继续了解的新课题，希望本篇报告能够帮助相关的同学！

（资料来源：http://www.9080love.com/?article-58.html）

案例思考

1. 根据本专题讨论的相关原则和技巧，请对上述市场调研报告进行评价。
2. 上述调研报告是否存在问题？如果有，存在哪些问题？
3. 如果由你来对上述调研报告进行修改，你将如何修改？

【实践与训练】

1. 访问相关网站，下载并阅读一份令人感兴趣的调研报告，用本专题所讨论的原则和技巧对调研报告进行分析和评价。
2. 选择本地附近的某一商场或者超市，对其顾客满意度进行调研，对调研资料进行整理分析，撰写调研报告。

参考文献

[1] [美]小卡尔·迈克丹尼尔,罗杰·盖兹著. 当代市场调研. 范秀成等译. 北京:机械工业出版社,2002.
[2] 黄晓华. 市场调研问卷设计若干注意问题. 中国营销传播网,2002.
[3] 尚清春编著. 如何进行营销调研. 北京:北京大学出版社,2004.
[4] [英]托尼·普罗克特著. 营销调研精要. 吴冠之等译. 北京:机械工业出版社,2004.
[5] 戴亦一主编. 市场调研. 北京:朝华出版社,2004.
[6] 托马斯.C.金尼尔,詹姆斯.R.泰勒著. 市场调研:一种应用方法. 罗汉,蔡晓月,丁浩等译. 上海:上海人民出版社,2003.
[7] 王峰,吕彦儒,葛红岩编著. 市场调研. 上海:上海财经大学出版社,2006.
[8] 叶叔昌,邱红彬主编. 营销调研实训教程. 武汉:华中科技大学出版社,2006.
[9] [美]纳西雷.K.马尔霍特拉著. 市场营销研究:应用导向(第4版). 涂平译. 北京:电子工业出版社,2006.
[10] 赵轶,韩建东编著. 市场调查与预测. 北京:清华大学出版社,2007.
[11] 田志龙,韩睿主编. 营销调研基础. 北京:高等教育出版社,2007.
[12] 魏玉芝主编. 市场调查与分析. 大连:东北财经大学出版社,2007.
[13] 郑聪玲,徐盈群编著. 市场调查与分析实训. 大连:东北财经大学出版社,2008.
[14] 宋思根主编. 市场调研. 北京:电子工业出版社,2008.
[15] 宁秀君主编. 市场调查与预测. 北京:化学工业出版社,2008.
[16] [美]伯恩斯,布什著. 营销调研:运用Excel数据分析. 张喆等译. 北京:机械工业出版社,2009.

中国水利水电出版社　万水书苑
www.waterpub.com.cn　www.wsbookshow.com

BOOK

现代服务业技能人才培养培训方案及研究论文汇编

体现了"就业导向、校企合作、双证衔接"的特点

《现代服务领域技能型人才培养模式创新规划教材》丛书是由中国高等职业技术教育研究会立项的《现代服务业技能人才培养培训模式研究与实践》课题（课题编号：GZYLX2009-201021）的研究成果。

该课题与人力资源社会保障部的《技能人才职业导向式培训模式标准研究》的《现代服务业技能人才培训模式研究》子课题并题研究。形成了包括市场营销、工商企业管理、电子商务、物流管理、文秘（商务秘书方向、涉外秘书方向）、艺术设计（平面设计方向、三维动画方向）共6个专业8个方向的人才培养方案。结集成《现代服务业技能人才培养培训方案及研究论文汇编》由中国水利水电出版社正式出版。

市场营销专业精品教材

中国高等职业技术教育研究会科研项目优秀成果
现代服务领域技能型人才培养模式创新规划教材

- 服务营销
- 消费心理与行为
- 连锁经营
- 销售管理
- 营销策划
- 市场调研
- 电子商务与网络营销
- 渠道管理
- 市场营销技术

联系人：杨谷　　联系电话：010-82562819/20/21/22转222　　电子邮箱：yg@wsbookshow.com

BOOK 电子商务专业精品教材

免费电子教案

本社的高职及本科教材多数配有电子教案，您可以从中国水利水电出版社网站的"下载中心"（http://www.waterpub.com.cn/softdown/）或万水书苑（http://www.wsbookshow.com）下载。

咨询与服务电话：010-010-82562819/20/21/22 转 222，312，322，213。

免费样书寄送

如果您对本社的某一种或多种教材感兴趣，可以通过电话或邮件等方式和我们联系，我们将免费寄送。

中国高等职业技术教育研究会科研项目优秀成果
现代服务领域技能型人才培养模式创新规划教材

- 电子商务英语
- 电子商务结算
- 电子商务创新案例
- 电子商务
- 数据库与搜索技术
- 电子商务网站建设与维护
- 网络营销
- 移动电子商务
- 电子商务网络技术
- 电子商务物流
- 网店运营

联系人：杨谷　　联系电话：010-82562819/20/21/22转222　　电子邮箱：yg@wsbookshow.com